1

ALBERTO MEMBREÑO
HONDUREÑISMOS

ERANDIQUE
COLECCIÓN

HONDUREÑISMOS
Alberto Membreño
©Editorial Erandique
Supervisión Editorial: Óscar Flores López
Digitalización y levantamiento de textos: Zona Creativa
Diseño de portada: Andrea Rodríguez-Lilyana Gálvez
Administración: Tesla Rodas
Director Ejecutivo: José Azcona Bocock

Instagram: coleccionerandique
Facebook: Colección Erandique

Abril de 2024

Escritor, magistrado, investigador, diplomático y
presidente provisional de Honduras. Alberto Membreño fue
un intelectual de altos quilates.

A PURO CALICHE

Hay que "dejar la choya" y "ponerse vivos", porque este libro está "macanudo", "macizo", "tumbado".

Es que no podemos estar de "dundos" todo el día, no, "hombe", no seamos "ruines", leamos aunque sea un "chachito" o "un dieciséis", porque "la cosa está peluda", y entre más le metamos al "morro", mejor nos va, no tan "pior", ya no nos "chupa la bruja", y allí sí, nos ponemos "morros"...

Después no te "maliés" si te dicen "¿qué sabe la chancha de freno?"...

Don Beto Membreño no hubiera entendido "ni papa" con este caliche, corregido y aumentado, que nos gastamos los hondureños.

Sin embargo, hay que reconocerle a este "maistro" que fue el primero que se puso "al tiro" para recopilar la forma en que hablaban nuestros tatarabuelos allá por 1895.

En este diccionario vas a encontrar palabras que te dejarán con la "jeta abierta", porque, a pesar del paso del tiempo, aún las seguimos usando.

Por ejemplo: a la "zumba marumba"; "chillón"; "derecho"; "chupar"; "deber un cuajo"; "jachas"; "hueviar", "maritates", "mechudo", "atucún", "bolo"; "cacharpa"...

"El Cadejo", "el Sisimite", "La Vieja", "El Coludo", "La Sucia" son algunos de los personajes que desfilan por el libro de don Beto y que nos ponen "plinplín".

También hay muchas curiosidades. nos revela que diputado (que en muchos casos es una palabra usada de manera despectiva), significaba en Danlí, la ciudad de las colinas, "banano" o "plátano"...

El significado de domingo siete en Hondureñismos no tiene nada que ver con la forma en que lo utilizamos en la actualidad.

¿Y qué significaba allá por 1895 "echarse la leva"?

¿Y "hacerse el zunte"?

¿Olor a misa mayor?

Al parecer, los músicos no tenían buena fama, pues la palabra era usada de forma burlesca por el pueblo.

"El que anda mal a caballo, el que es mal jinete, monta como músico", señalaba Alberto Membreño. "Y el que como mucho… tiene barriga de músico".

Hoy, cuando un futbolista falla un gol, el público murmura en las graderías "ese sí es maleta". Hace ciento treinta años, tenía otro significado.

"Maleta es un cualquiera que, por sus malos comportamientos no merece que se le guarde ninguna clase de respeto", nos dice Hondureñismos, libro que, después de "echar mecha", Colección Erandique pone en manos de "la pipol", para que "se queme las pestañas leyendo".

Porque aquel que no conoce la historia de su país es como un niño "moto", sin "nana" y sin "tata"…

Así que "pilas, puej"…

Uy, sí que soy "soplado". Antes de que se me olvide, quiero agradecerles a todos los que conforman al "equipón" de Colección Erandique: el "inge" José Azcona; a Tesla Rodas (administración), Andrea Rodríguez y Lilyana Gálvez (creativas), Violeta Vasilopoulou y David Ruiz (digitalización y levantamiento de textos).

Óscar Flores López/Editor Colección Erandique

PLAN Y OBJETO DE ESTA OBRA

Sin pretensiones de ningún género publicamos estos Hondureñismos, que representan el estudio que sobre el habla de nuestros compatriotas venimos haciendo desde hace algún tiempo. Hijos del pueblo, como somos, hemos tenido oportunidad de aprender el significado de las voces y frases de uso frecuente, el mismo que procuramos consignar aquí con toda claridad.

Según el plan que nos propusimos al dar principio a este trabajo, él debería comprender: I. La etimología indígena de los nombres de lugares, montañas, ríos, etcétera, de la República. – II. Los nombres, con su etimología de las cosas indígenas de uso común. – III. Las palabras que usamos en el trato diario y que, aunque son muy españolas, por ser anticuadas o por cualquiera otra causa, no figuran en el Diccionario de la Academia. – IV. Las voces españolas que hemos corrompido. – V. Los nombras de los vegetales y animales del territorio hondureño que no consten en las obras de botánica y zoología.

El plan anterior hubo de frustrarse en lo referente a los nombres geográficos de Honduras, porque hasta la fecha nos ha sido imposible encontrar vocabularios de los diferentes idiomas que, además del mejicano, náhuatl o azteca, se hablaban en el país antes de la conquista de los españoles; y como este obstáculo puede existir por un tiempo más o menos largo, nos ha parecido conveniente publicar lo escrito acerca de los otros puntos que abarca el plan.

Los Hondureñismos, innecesario parece decirlo, son un ensayo, y no del todo completo. Comprendiendo como comprendemos que el carácter, usos y costumbres de un pueblo se revelan en el lenguaje, y deseando que nuestra obra fuera como un trasunto de la sociedad hondureña, solicitamos el concurso de varias personas de los departamentos; pero tuvimos la desgracia de que solo correspondieran a la excitativa los señores Jeremías Cisneros, Julián Cruz y Jesús Inestroza.

Guatemala y Costa Rica hace más de tres años que coleccionaron sus provincialismos, los cuales aparecen en las obras de los señores Batres Jámegni y Gagini; y siendo los provincialismos de Honduras casi los mismos que los de las otras Secciones de la América Central, de mucho nos han servido los trabajos de aquellos ilustrados filólogos.

Nada decimos de los vicios de régimen y construcción, porque hasta el presente no tenemos más autoridad que el trabajo compendiado sobre régimen que publicó en su Gramática la Real Academia Española, y el domo I del Diccionario de construcción y régimen de don Rufino José Cuervo. Cuando esta última obra esté concluida para honra de las letras hispanoamericanas, tal vez acometamos la empresa de adicionar nuestro trabajo en la parte relativa a la sintaxis.

Tampoco se extiende nuestro estudio a materias de prosodia, tanto porque la acentuación de las palabras se ha fijado recientemente, como porque se supone que toda persona que reciba una mediana educación pronunciará bien los vocablos; más si el texto que le sirvió en la clase de gramática fue alguna de las obras de los señores Bello, Isaza, Marulanda Mejía, etcétera.

Por el último de los motivos expuestos en el párrafo que procede, muy pocas palabras aparecen de aquellas que hemos corrompido por permutación, adición o supresión indebidas de letras o sílabas, vicio tan común en el pueblo; a la persona que nada haya estudiado le será indiferente que se censure apiarse, chochar, demen, paderón, etc.; mientras que la que haya visitado la gramática, de cuando en cuando incurrirá en semejantes defectos.

Para poder apoyar nuestras observaciones hemos tenido que leer algunas obras antiguas, especialmente las que tratan de América, como la Historia del capitán Fernández de Oviedo y Valdés, los Comentarios reales del inca Garcilaso de la Vega, el Diccionario Geográfico de Alcedo, etc.; y de las españolas, todas las que han caído en nuestras manos, como las de Capmany, los Argensolas, Solís, Moratín, Jovellanos y otras tantas. Legos como somos en ciencias naturales, tuvimos dificultad en describir las plantas y animales cuyos nombres debían constar en los Hondureñismos, pero a fuerza de trabajo y paciencia, y consultando libros de las otras naciones de Hispanoamérica, entre ellos los de Clavigero, Bachiller Morales y Díaz, pudimos, con el eficaz auxilio del Honduras Industrial, de los Apuntamientos sobre Centroamérica de Squier y de la Flora medicinal de Honduras, dar cima a nuestro trabajo sobre las plantas del país, aunque no de una manera satisfactoria; sirviéndonos estas mismas autoridades y los valiosos estudios que por iniciativa nuestra hizo el doctor don Lino A. Rodríguez, para decir algo acerca de los animales.

Con la explicación que acabamos de consignar, y dada la índole de esta obra, ya se comprenderá que ella no es original. Sirva esta manifestación para que no se crea que queremos apropiarnos trabajos ajenos.

Las Apuntaciones críticas, del señor Cuervo, el Diccionario de Chilenismos, del señor Rodríguez, el Diccionario de barbarismos y provincialismos de Costa Rica, del señor Gagini y los Vicios del lenguaje y provincialismos de Guatemala, del señor Batres Jauregni, tienen por principal objeto purificar el habla castellana censurando los vicios que se han introducido en ella y tienden a pervertirla; la obrita de nosotros se concreta lo más a traducir nuestros provincialismos, palabras anticuadas e indígenas y uno que otro vocablo que hemos formado por onomatopeya.

Compensado quedará nuestro trabajo, si el libro que ahora presentamos fuere bien acogido por las personas estudiosas de dentro y fuera de la República, y si él puede suministrar algunos datos para el Diccionario de provincialismos de la América Central, de que carecemos, y que indudablemente dará honra y provecho al que lo escriba.

Tegucigalpa: 2 de octubre de 1895.

ALBERTO MEMBREÑO.

A LOS LECTORES
(Prólogo a la segunda edición)

Agotada en poco tiempo la primera edición de los Hondureñismos, no obstante los defectos que reconocemos contiene el libro, no hemos omitido el trabajo alguno para preparar esta segunda, notablemente corregida y aumentada. Para ello hemos consultado especialmente, además del Diccionario de la Real Academia Española, las siguientes obras de indiscutible mérito: Breve catálogo de errores en orden a la lengua y lenguaje castellanos, *por Cevallos*; Vocabulario rioplatense razonado, *por Granada*, y Diccionario de locuciones viciosas, *por Ortúzar*.

Sin fijarse en que ofrecimos que nuestro libro contendrá las palabras que se usan en Honduras y que no constan en el Diccionario de la Academia, o que tiene en él otra acepción diferente, algunos periodistas, en son de crítica, nos han dicho que se hallan en los Hondureñismos locuciones comunes a otros pueblos de Hispanoamérica. La culpa no la tenemos nosotros, sino nuestros paisanos que se sirven de ellas en su habla vulgar. Prescindiendo de esto ¿podrán los periodistas a quienes aludimos decirnos, con conocimiento de causa, dónde ha nacido la mayor parte de nuestros vocablos provinciales; y cuáles son de Honduras, aunque se usen en otras partes; y cuáles no, por más que nos valgamos de ellos para nuestra diaria comunicación?

La juiciosa crítica del notable literato español señor Menéndez Pidal, ha sido atendida como lo merece para hacer algunas ligeras correcciones en el texto, o para persistir en nuestra opinión. Ahora con el aumento que hemos dado al libro, ya no podrá decirse que no revelan en él los caracteres del lenguaje popular en Honduras.

Continuaron en su meritoria tarea de colaborar en nuestra obra los señores Jeremías Cisneros e Ignacio Fiallos; y no pocos provincialismos nos han sido suministrados por la inteligente señorita Josefa Carrasco y por los caballeros doctor Manuel Gamero, doctor Francisco A. Matute, Manuel de Adalid y

Gamero, E. Constantino Fiallos, Aniceto Díaz, Pedro Nufio, Mónico Medina y Eduardo J. Moncada. Reciban todos estos amigos nuestros sinceros agradecimientos.

Ojalá que el público ilustrado acoja con benevolencia esta segunda edición de los Hondureñismos, así como acogió la primera.

Tegucigalpa: 22 de junio de 1897.

ALBERTO MEMBREÑO.

cayó la noche en mi alma
y en el joven corazón,
y se fueron para siempre
la alondra y el ruiseñor....

ARMANDO DEL VAL.

1895.

Hondureñismos

VOCABULARIO DE LOS PROVINCIALISMOS DE HONDURAS
Por Alberto Membreño

ESTA interesante obra viene á aumentar el caudal de observaciones filológicas que con su estudio de los modos de hablar en lo familiar, los pueblos de Guatemala y Costa Rica, reunieron los ilustrados señores Batres Jáuregui y Gagini, y cuyos valiosos trabajos, según lo consigna con loable lealtad el señor MEMBREÑO, le han servido de grande ayuda, siendo como son casi unas mismas esas corrupciones de la lengua y esas voces indígenas, introducidas en ella por todos los pueblos de Centro-América.

Un notable servicio ha prestado el autor de los *Hondureñismos* á la literatura y á la cultura del decir en su patria, primero señalando los casos en que se han alterado por el vulgo los vocablos castizos, y luego apuntando los otros en que nuevas voces, muchas de ellas dignas de ser conservadas en el uso, han venido de las lenguas de los aborígenes, ó son restos de la antigua riqueza del idioma de Castilla, que en aquellas regiones han quedado, y que España misma, que allí las llevó con la conquista, no las conocería hoy, tan empobrecido y flaco han puesto á nuestro egregio romance, la dieta y la esquila académicas.

Parabienes muy merecidos recompensan ya la estudiosa labor del ilustrado autor de los *Hondureñismos*. El nuestro se lo enviamos muy cordial.

N. BOLET PERAZA.

De "Las Tres Américas," de Nueva York.

En la revista Juventud Hondureña del 31 de octubre de 1895 apareció este comentario sobre la obra Hondureñismos de Alberto Membreño.

LIGERAS OBSERVACIONES SOBRE EL HABLA CASTELLANA EN AMÉRICA[*]

Emprendida por los descendientes de Pelayo, en el siglo dieciséis, una de las más grandes obras que registra la historia, la conquista de América, imponían, a fuero de vencedores, su idioma a los habitantes de las vastas regiones que iban sometiendo a la dominación de los reyes de Castilla. Paulatinamente los idiomas de las razas autóctonas que poblaban el Nuevo Continente fueron desapareciendo hasta quedar casi extintos; sin que obstara, para llegar a este resultado, el que en algunos lugares se establecieran cátedras de lenguas indígenas, porque esto solo servía, por el momento, para hacer más fácil y menos destructora la conquista y no para abrir nuevos horizontes a la civilización, ensanchando la esfera de los conocimientos humanos.

–¿Qué tendrían que aprender, supongo, dijeron los conquistadores que acababan de vencer el último baluarte de la media luna en Granada, de estos salvajes de aquende el Océano, a quienes, para poderlos considerar como hombres, fue preciso que un papa así los declarara? El tiempo se ha encargado de demostrarnos lo mal que procedieron aquellos ilustres aventureros destruyendo o relegando al olvido obras tales, que los sabios echan de menos para la resolución de los tantos problemas sobre América que hoy agitan al mundo científico.

Además, había idiomas aquí, como el quechua, que por lo *dulce, armonioso y flexible* era digno de que se le hubiera cultivado sin mengua de la sonora lengua castellana. Pero los conquistadores, en su mayoría no eran hombres de letras, sino grandes capitanes; por ello su misión se redujo a aumentar el número de vasallos de los reyes de España; a acrecentar el tesoro de estos con los metales preciosos que en abundancia se extraían

---

[*] No obstante las indicaciones que hacemos en el texto, reproducimos este trabajo que publicamos en el periódico **La Academia**, número 4°, correspondiente al 15 de mayo de 1890.

de las minas; y a imponer con el filo de sus espadas la religión que ellos profesaban.

La época de la conquista pasó, y con ella el ardor belicoso de los que la emprendieron: los descendientes de los primeros pobladores europeos de estas tierras, por la fuerza natural de los hechos, hubieron de dedicarse a las pacíficas labores propias de la nueva vida que habían adoptado. Las selvas impenetrables, la feracidad de los terrenos, los metales preciosos que en forma de criaderos, de vetas o que en los lechos de los ríos se presentaban al colono, fueron unos de los muchos móviles que lo impulsaron a escoger la profesión que más cuadrara con el medio en que se encontraba.

Las modificaciones que el hombre, considerado aisladamente o en sociedad, experimenta, se comunican al idioma, que no es más que un signo necesario para relacionarse los seres entre sí. Así, pues, con la colonia comienza una nueva era del habla castellana en América. La pureza relativa en el lenguaje importado por los primeros inmigrantes en masa, fue perpetuándose más y más en las colonias, a medida que se hacían menos frecuentes las relaciones de éstas con la metrópoli. De aquí el carácter conservador de las colonias. Asombro causa a los que con más donosura hablan hoy el idioma de Castilla en España, el hallar en las obras de los hispanoamericanos ciertos giros tan castizos y tan propios de la genialidad del idioma de Cervantes, que involuntariamente les recuerdan los escritores del siglo de oro de la lengua. Al lado de este hecho que tendría a estacionar el lenguaje, figuran otros que, indudablemente, condujeron a enriquecerlo.

La frecuente comunicación entre el español y el indígena, que en algunos puntos, como el Paraguay, llegó hasta la fusión de ambas razas; los objetos desconocidos de los primeros inmigrantes que para servirse de ellos tuvieron que designarlos con el nombre indio; las nuevas relaciones que se iban creando entre los mismos colonos, que les ofrecían, a veces, oportunidad de sacar un término de su acepción propia para aplicarlo a un objeto para el cual no había sido inventado; hasta la falta de conocimiento de la significación de algunas palabras de las lenguas indígenas, contribuyeron a aumentar el caudal de voces del español.

Lo que acabo de decir puede comprobarse con algunos ejemplos: *Cancha*, en quechua, significa *patio* o *corral,* y entre nosotros designa un espacio de terreno nivelado y cercado; así llamamos *cancha de gallos* al patio en que tienen lugar las riñas de estos animales; para la Academia Española esta palabra significa *maíz* o *habas tostadas que se comen en la América del Sur. Teocalí* o *Teucalí* es palabra mejicana con que los aztecas designaban sus templos. *Maíz*, término con que nombramos el cereal de que se hacen nuestras *tortillas*, pertenece a la lengua haitiana. *Pulque* es voz mejicana o araucana con que se designa una especie de vino de color blanquizo que se obtiene del maguey.

El uso de la palabra *rancho* aplicada a las chozas lo explica el doctor Daireaux, como sigue: "Cuando los españoles desembarcaron en América, naturalmente, pidieron a los indios víveres y contribuciones de toda especie, iban a los grupos de chozas de estos a exigirlos, de aquí la expresión *ir al rancho,* que propiamente significaba ir a la provisión, y al mismo tiempo designada el hecho de ir a las chozas; así se le arraigó la palabra *rancho*, conservando el sentido de habitación de pobre aspecto".

No menos curioso es el modo como se introdujo la palabra *che* que frecuentemente usamos los hondureños. Que nos lo refiera el citado doctor Daireaux: "*Che* no es mejicano ni colombiano, es *pampeano*, y especialmente legado por los primeros habitantes del país, los *tehuenches*. En la lengua india *che* significa hombre. Fue grande la sorpresa de los indios cuando vieron por primera vez a los europeos saltar de sus carabelas vestidos, calzados y montar a caballo. No podrían creer que fueran hombres como ellos, solo cuando con sus manos los tocaron fue cuando estos pobres desheredados de la especie humana, reconocieron que los que veían eran hombres; entonces exclamaron: ¡*Ches!* ¡*Ches!* ¡hombres! ¡hombres! La palabra ha quedado en el idioma argentino como exclamación y como llamada". Multitud de palabras más podría citar introducidas al español, a semejanza de las precedentes; pero para mi objeto basta con aquellas.

Este trabajo lento, conservador y progresivo a la vez, respecto al idioma, no fue interrumpido durante los tres siglos del régimen colonial en América. Y no podría serlo. Nuestros principales puertos estaban cerrados al comercio extranjero, y solo de cuando en cuando se relacionaban los colonos con los europeos de la metrópoli, valiéndose de los buques que se enviaban a las Indias Occidentales bajo los reglamentos y formalidades impuestos por la Casa de Contradicción. Las correrías de los bucaneros en las costas del Atlántico y del Pacífico, con ser momentáneas, nada influyeron en el lenguaje. A los nacientes centros literarios de América, además de que tenían muy pocos buenos modelos, les faltaban medios para vacar al estudio de las letras.

Así fue corriendo el tiempo, hasta que, llegada a su término la escisión entre españoles y criollos, estos se unen a los indígenas y dan el grito de independencia. Comienzan esas guerras gigantescas, dirigidas con tanto acierto por los Bolívares, San Martines, Hidalgos, Sucres, Páez, Córdovas, Belgranos, O'Higgins, Allendes, Morales y Bravos, cuyas espadas templadas en los cráteres de nuestros humeantes volcanes, logran, después de grandes sacrificios, dar fin en Ayacucho con la dominación española; el sistema de gobierno democrático se establece en estas nuevas nacionalidades, y se hace necesario *democratizar* el idioma; García del Río y Bello, en un tiempo en que hasta la Academia Española se había hecho reformadora, lanzan al público, desde Londres, sus *Indicaciones sobre la conveniencia de simplificar y uniformar la Ortografía en América*; libros franceses, mal traducidos al español, se ponen en manos de la juventud en los establecimientos de enseñanza, o bien, presentados en forma de novelas, se leen con avidez en el seno de las familias; los inmigrantes, que de todos los puntos del globo concurren a establecerse en la América libre, introducen, según la nacionalidad de que proceden, sus anglicismos, galicismos, etc., a que bien pronto se les da carta de naturaleza; y si a todo esto se une el odio consiguiente entre españoles y americanos, tendremos algunas de las principales causas que produjeron la revolución del idioma en América, a lo menos en los cuarenta primeros años después de nuestra emancipación política. Creyeron los espíritus superficiales de aquella época, que ya ningún lazo nos unía con España, y que era permitido estropear el lenguaje; y como todo el que rompe las reglas, encuentra, por desgracia, imitadores, llegamos a una anarquía tal, principalmente en materias ortográficas, que los jóvenes no hallábamos a qué atenernos.

La influencia que Bello tuvo en lo que he llamado revolución del lenguaje, merece una explicación que con gusto consigno aquí, como prueba del respeto y admiración que profeso al patriarca de las letras hispanoamericanas. El sabio venezolano, en colaboración con el señor García del Río, propuso las ocho reformas ortográficas, que pueden verse en el tomo primero del *Repertorio Americano*. Algunas de estas reformas nunca las practicó Bello en sus publicaciones, como observa muy bien don Miguel Antonio Caro, y todas ellas las repudió en sus obras didácticas. Bello siempre respetó la autoridad de la Real Academia Española, hasta el grado de que podemos considerarlo más académico que aquella corporación. Es extraño, pues, oír todavía a ciertos *literatos* decir que ellos siguen las doctrinas de don Andrés Bello y no las de la Academia Española.

Nada fue capaz de contener este desbordamiento literario, en que cada uno casi tenía sus reglas peculiares para hablar o escribir. Las gramáticas, que en gran número circulaban, inclusive la de la Real Academia Española, de muy poco servían para volver el idioma a su cauce natural, pues todas ellas se concretaban a exponer unas tantas reglas poco comprensibles para las inteligencias de los jóvenes. Los españoles no dejaron de tener culpa en la crisis del idioma. La polémica entre los literatos Salvá y Martínez López, en que se olvidaron las reglas del decoro hasta llegar el último a decirle al primero que al apellido Salvá debería agregársele la sílaba *je*, se vio en América con gusto, y alentó las ideas reformistas. Sin embargo, el fuego sagrado se conservó en algunos cerebros privilegiados para gloria de nuestra naciente literatura.

La Gramática Española para los americanos, de don Andrés Bello, y el *Tratado de Ortología y Métrica*, por el mismo autor; las *Cuestiones Filológicas*, de don Antonio José de Irisarri; el *Diccionario de Galicismos*, por don Rafael María Baralt; las

Apuntaciones Críticas sobre el lenguaje bogotano, de don Rufino José Cuervo; la *Gramática Latina*, por Caro y Cuervo y el *Tratado del Participio*, por le primero de estos autores; la *Ortografía y Ortología*, del señor Marroquín; la *Gramática Práctica de la lengua castellana*, por don Emiliano Isaza, etcétera se han encargado de hacer guerra sin cuartel a los vocablos intrusos o híbridos, como *remarcable y cablegrama*; a los mal nacidos, tales como presupuestar, subvencionar; a los innecesarios, como secesión; de fijar el verdadero acento de las palabras, de modo que hoy todos escribimos, aunque tal vez no pronunciemos, *paraíso, telegrama, Ilíada, ateísmo, medula, Heródoto*, etcétera; y sobre todo de apuntar algunos giros galicanos, tales como *sentencia condenando, acuerdo concediendo*, en vez de *sentencia en que se condena, acuerdo en que se concede*, para que procuremos extirparlos.

La revolución en el idioma está casi vencida, y lo que falta para que desaparezca por completo es obra del tiempo. De Méjico a la Patagonia impera la lengua de Castilla, si no en toda su majestad, al menos purgada de muchos de los vicios que en años anteriores se encaminaban a desnaturalizarla. En Méjico, Guatemala, El Salvador, Colombia, Venezuela, el Ecuador y Chile hay academias correspondientes de la Española. Solo el gran literato don Juan María Gutiérrez, en representación de la Argentina, se negó a reconocer, oficialmente la autoridad de aquel ilustrado cuerpo, no aceptando el nombramiento de académico. Parece que, según el señor Gutiérrez, el rápido progreso del Playa y de la afluencia de inmigrantes, darán por resultado la formación de un idioma argentino. Hasta ahora los hechos, nada favorable auguran respecto a la opinión del literato a que me he referido. Si bien es cierto que en las publicaciones oficiales del Plata encontramos *garantan, garanten*, estos son pequeños lunares que no subsistirán en un pueblo, como el argentino, en cuyos establecimientos de enseñanza se hacen estudios serios sobre literatura y especialmente sobre filología.

Antes de concluir debo hacer una manifestación. Cualquiera que sea el defecto que noten en este trabajo los que tengan la paciencia de leerlo, ruego lo imputen a mi ignorancia involuntaria, alejando la idea de que tengo el nombramiento de individuo de la Academia Científico-Literaria de Honduras. Si los que hoy son mis colegas me han honrado con aquel nombramiento, no se debe esto a mis escasas luces, sino a mis deseos fervientes por que en mi querida patria se mantenga el habla castellana siempre *limpia, fija* y con *esplendor*.

ALBERTO MEMBREÑO.

III

HONDUREÑISMOS

Este es el nombre de una obra que recibimos de Tegucigalpa y de la cual es autor el Lic. Don Alberto Menbreño.—Sabíamos que este sujeto es abogado distinguido de los tribunales de Honduras, pero no sabíamos que se ocupara con tanto acierto en estudios de este género.—Damos al autor las más cordiales gracias, y esperamos que siga contribuyendo con su valioso contingente á enriquecer la literatura de su patria.

(De *El Educacionista* de Guatemala.)

En Guatemala también hicieron reseñas sobre la obra Hondureñismos.

A

A cojo pie. – A la pata coja.

A la pampa. – A cielo descubierto, a campo raso. Según el autor de los *Comentarios Reales*, *pampa* es palabra quechua, y significa plaza.

A la polea. – Modo adverbial que se traduce a *ancas* o *a las ancas*.

A la zumba marumba. – A troche moche.

A macho dado no hay que buscarle colmillo. – A caballo presentado o regalado no hay que mirarle el diente.

A mano. – Mano a mano. – *Estamos a mano.*

A medio palo. – Dejar las cosas a medio palo es dejarlas a medio hacer.

A pozo y banco. – Modo que tenían los mineros de hacer la labor de ordenanza, necesaria para que les demarcaran la pertenencia de la mina. Consistía en labrar sobre la veta un pozo discontinuo con excavaciones perpendiculares y horizontales, en lugar de hacer un solo pozo de diez varas de profundidad y en su remate una *galería* de igual extensión.

A tantas. – Expresión adverbial que equivale a *tantos a tantos*.

A tira que no alcanza. – Modo adverbial que vale escasamente. *Fulano trabaja mucho; pero tiene tanta familia el pobre, que vive A TIRA QUE NO ALCANZA.*

A tuto. – Frase adverbial, que nos parece ha de ser *a tute*, siguiendo la etimología del verbo tutear. Llevar *a tuto* es un juego de muchachos, en que, mediante cierto turno que ellos establecen, los unos llevan a los otros a horcajadas. Por extensión decimos que las personas o cosas apiñadas están *a tuto. Dientes A TUTO, dedos A TUTO.*

Abarrajar. – Lo mismo que abarrar.

Abismarse. – Tiene la acepción de asombrarse.

Abofetado, da. – Corrupción de abohetado.

Abotonarse. – Cuando al causarse una herida no brota sangre, decimos que esta se le *abotonó* al paciente.

Absolutamente. – De ningún modo.

Acápite. – Palabra aparte y que la usamos poco. Se incorporó al lenguaje hondureño desde el año de 1880, que promulgaron el Código Penal:

"Cuando la pena señalada al delito sea compuesta, se estará a la mayor para la aplicación de las reglas comprendidas en los tres primeros *acápites* de este artículo".

(Artículo 96 del Código Penal).

Accidentado. – Este adjetivo o participio, como quiera llamársele, aplicado a los terrenos, tuvo corta vida en Honduras. Suponemos que nació años después de la independencia, porque en las diligencias de medidas practicadas todavía a principios de este siglo, consignaban los agrimensores, que por ser *fragoso* el terreno habían medido ciertos lados por elevación. Últimamente las *Apuntaciones críticas*, de don Rufino J. Cuervo, pusieron término a la existencia de aquel vocablo. *Accidentado* es un galicismo introducido sin necesidad por los malos traductores de textos de Geografía escritos en francés.

Accionar. – Por actuar o deducir un derecho de juicio lo usan los señores Sanponts y Subirana en sus luminosas anotaciones a las partidas.

Acecido. – La Academia trae a *acecido* como provincialismo de Méjico, pero nosotros también lo usamos por *acezo*. Dice Cuervo que *acecido* es unas de las tantas palabras que ya en la península han caído en desuso.

Aceite de camíbar. – No es de *camíbar,* sino de *cabima*, el aceite que se unta en el ombligo de los niños recién nacidos para precaverlos de ciertas enfermedades. Este aceite lo da el árbol de la cabima o copaiba.

Acolchonar. – Comprimirse o apelmazarse la lana, el algodón, etc., hasta quedar como el relleno de un colchón. Siendo colcha cobertura de cama, ha creído nuestro pueblo que lo más natural sería que acolchar significara algo así como hacer colchas, y no hacer colchones, como dispone la Academia. Para expresar esta idea se ha inventado el verbo *acolchar*. Puede también suceder que la invención no sea de los hispanoamericanos; como sinónimos aparecen en la Academia los verbos *capar* y *caponar*.

Acomedido, acomedirse. – *Acomedido*, lo mismo que comedido, atento, cortés, servicial; y *acomedirse*, prestar espontáneamente un servicio.

Achín, achinería. – *Achín* significa buhonero; y *achinería*, el conjunto de mercaderías, tales como aceites, pomadas, dulzainas, especias y demás artículos de esta clase que venden los achines.

Achol u ochol. – *Ocholli*, azteca. – Porción de frutos dispuestos con alguna semejanza de gajos o racimos. *ACHOL* de elotes.

Achucuyarse. – Abatirse, acoquinarse. Este verbo puede provenir del azteca *cocoya*, enfermar.

Achucharrar. – Achuchar: aplastar, estrujar con la fuerza de algún golpe o peso.

¡Adentro chinchunte! – Expresión familiar con que la gente del pueblo anima a los flojos o cobardes a que hagan alguna cosa.

Adjuntar. – Acompañar, juntar una cosa a otra. Hay en el Diccionario de la Academia un verbo *adjuntar*, derivado de *adiunetus*, palabra de la que también se deriva el adjetivo adjunto. Tal vez *adjuntar*, en la acepción que le damos, no sea provincialismo, como se cree.

Aflautada. – Refiriéndose a la voz, atiplada.

Afloramiento o corrida. – La parte de la veta que se encuentra sobre la superficie del cerro y corre en él de manifiesto. Es término de minería.

Agarrón. – Agarrada, altercado de palabras.

Agria de luces. – Lo está una mina cuando en sus labores interiores no arden las lámparas fácilmente, o se apagan.

Agua chacha. – Bebida mal confeccionada por falta de azúcar o de cualquier otro ingrediente.

Agua florida. – Así encontramos escrito, en lugar de agua de florida, en documentos oficiales.

Agua loja. – Cuando estuvimos en Guatemala tomamos una bebida refrescante, que nos dijeron llamarse agua loja, al parecer compuesta de agua endulzada y canela. Creemos que este refresco, dicho sea de paso, bastante agradable, es el que la Academia conoce con el nombre de *aloja*, y que Eguilaz y Yanguas afirma ser brebaje de moros.

Aguacate. – *Ahuacatl o aucatl*, azteca. – Testículo.

Aguaje. – Pocas veces le damos la acepción castiza de aguacero, chaparrón; pero sí es corriente que lo usemos por reprimenda, regaño.

Agualotal. – Abundancia de agua como la de los pantanos.

Aguar. – Abrevar: dar de beber al ganado.

Aguate o guate. – *Auatl*, azteca. – Espinillas que tienen las plantas de maíz, maicillo, caña de azúcar, etc.

¡Agüe! – Interjección que sirve para llamar.

Ahí no masito. – Frase adverbial que puede traducirse por *muy cerca*.

Ahorcadoras. – Una especie de avispas grandes, que no hacen miel, y se cree que si pican a alguna persona en el cuello, puede morir por asfixia.

Ahumarse el ayote. – Aguarse, frustrarse, tratándose de cosas alegres o halagüeñas.

Aiguaste. – ¿Provendrá de *auachtli*, azteca? Salsa compuesta de semillas de ayote, achiote, chile, manteca y otros ingredientes que sirve para condimentar los *nacatamales*.

Aindiado, da. – Que parece indio por su color o facciones.

¡Ajaa! – Interjección que se usa en el momento de sorprender a una persona ejecutando ocultamente una acción.

Aje. – *Axin*, azteca. – Insecto, especie de cochinilla, que vive en los árboles. De él se saca una sustancia que da un hermoso color amarillo.

Ajembrado. – Corrupción de ahembrado.

Ajuquín. – *Axoquem, azteca. – Cierta ave zancuda.*

Ajustar. – Familiarmente, castigar, imponer pena corporal, como la de azotes. Nuestro verbo parece que es el mismo *ayustar* o *ajustar*, que, según Monlau, significa arrimarse o llegarse a algún lugar, o una cosa a otra. Todavía por *dar un palo* se oye decir *ajustar un palo, arrimar un palo*; y la sustitución de ajustar por arrimar la acepta y aun la aconseja el señor Batres Jáuregui.

Alaco. – Escribimos esta palabra como la pronunciamos. Significa persona despreciable por viciosa, pícara, inútil. ¿Será una corrupción de alhaja? El cambio de la *j* en *c* no es una novedad para nosotros; de calandrajo hemos hecho *calandraco. Alaca* significó sanguijuela.

Aladar. – Porción de pelo que se dejan algunas personas cuando se rasuran, la que arranca de cada una de las sienes y termina en mitad de la mejilla.

Alagardero. – Ninguna duda hay de que nuestro *alargadero* es el alabardero académico; pero en la acepción figurada que le damos de *reunión de personas de carácter agresivo y acostumbradas a promover camorra por una quisicosa,* consideramos aquel término como colectivo. *¡Ven a dónde ha ido a parar fulano: a ese ALAGARDERO!*

Albarda. – Silla de montar, hecha de cuero crudo, que usa la gente del campo.

Albardear. – Molestar gravemente a una persona es *albardearla* o darle una *albardeada.*

Albardón. – Albardilla: remate en forma de ángulo que se da a las paredes de un cercado, para que el agua de la lluvia escurra por un lado y otro.

Albiricias. – Albricias.

Alborotos. – Lo mismo que pelotas de *maicillo*; confituras de *maicillo* tostado y reventado con un baño de miel de *rapadura* (azúcar negro). Se le da el nombre de *alborotos* porque el grano de *maicillo* crudo es más pequeño que un guisante, y tostado y reventado adquiere a veces un volumen como dos tantos un grano de maíz.

Alcancía. – Caja cerrada, con una herradura en la parte superior por donde entran las monedas para guardarlas, sin que se puedan sacar fácilmente. Las cajas semejantes a las que acabamos de describir que hay en las iglesias, para recibir la limosna de los fieles, las llama la Academia *cepo, cepillo*. Pero con vista de lo que dice Dozy en su *Glosario,* entre alcancía y cepo o cepillo no hay más diferencia esencial que aquella palabra es de origen árabe y estas últimas se derivan del latín.

Alcantariada. – Mujer a quien le han dado a beber algo con cantárida.

Alcanzar. – Traer una cosa que está cerca del que la pide, pero que no puede cogerla alargando la mano.

Alcaraquiento, ta. – Así pronunciamos por alharaquiento.

Alcotán. – Planta rastrera que demora en las montañas. Tiene propiedades astringentes.

5

Al chifle. – Contrato en que se estipula que si el deudor que ha dado prenda en seguridad de la deuda, no paga al vencimiento del plazo, por el mismo hecho el acreedor se hace dueño de la prenda. Este pacto está prohibido por nuestras leyes.

Aldaba. – Aldabilla dice la Academia que se llama la pieza de hierro de figura de gancho que, entrando en una hembrilla, sirve para cerrar puertas, ventanas, etcétera. La aldaba académica parece ser nuestro *pasador*, y el pasador del Diccionario lo que llamamos *rastrillo*.

Al día que. – Locución familiar que vale *cuando*, *puesto que*.

Alebrestado, da. – Nos han dicho peritos en cuestiones de amor, que este se revela de muchos modos, principalmente por este estado de inquietud y sobresalto que caracteriza a las liebres, en que permanecen las personas enamoradas. Po esta causa es común en Hispanoamérica llamar *alebrestado* al que da señales de haber caído en las redes de Cupido.

Aletazo. – Hurto o estafa.

Alférez. – En el estilo familiar, cuando se quiere llamar la atención hacia una persona que está presente, se le designa con el nombre de *alférez*. *Oye lo que dice mi ALFÉREZ.*

Alforcear. – Levantar súbitamente la piel de la rabadilla, cogiéndola con el índice y el pulgar, para sacar el empacho.

Alicanco o alicanero. – Caballería grande y flaca.

Alicate. – La Academia dice alicates, en plural; nuestros zapateros siempre *el alicate*.

Alicrejo. – Cualquier bicho en forma de araña, y por extensión se aplica a las caballerías flacas o enclenques. Ignoramos si esta palabra, que no consta en el Diccionario, es española o de cuño americano.

Alicuz o alicuza. – Persona vivaracha y ventajosa.

Alinderar. – Señalar los límites de un terreno con *linderos* (mojones); amojonar.

Aliños. – Sudaderos, albardones y lomillos que se ponen debajo del *aparejo* de las bestias de carga, para evitar que se ludan. – Forros y demás accesorios de un vestido.

Aljedrez. – Por ajedrez es palabra anticuada.

Al lápiz. – Se asegura que esta expresión es galicada; pero la usa Mesonero Romanos en sus *Escenas Matritenses*:

"O bien es un abuelo veterano, ex individuo de no sé qué ex cuerpo, que conducido diestramente por una nietecilla de quince abriles, linda con una esperanza, se para de pronto, sorprendido y petrificado, delante de una cabeza de Medusa, dibujada *al lápiz* y elegantemente encuadernada, etcétera".

Alma de perro. – Ave que si no es la terrera es muy semejante a ella.

Almágana. – Instrumento que la Academia llama almadana, almádena, almadina y almaganeta. Este último término es diminutivo y supone la existencia de nuestro provincialismo. – Perezoso.

Al malaguaste. – Modo de procurarse fuego, consistente en frotar uno con otro dos pedazo de madera compacta.

Almireiz. – Así se pronuncia por almirez; y si se duda de lo que decimos, léase lo que sigue, que se enseña a los niños por diversión:

"Una,
La Luna.
Dos,
El relox.
Tres,
Juan Andrés.
Cuatro,
El Garabato.
Cinco,
El brinco.
Seis,
El *almireiz*, etcétera."

Almizcle. – (Véase Titis).

Al tanteo. – Esta expresión adverbial, que generalmente se usa con el verbo hacer, significa *a ojo*.

Al tiro. – Modo adverbial que se traduce por *al momento, en el instante*. Lo único que hemos encontrado en escritores españoles sobre esta frase es lo que aparece en el pasaje siguiente, que copiamos de las *Escenas Matritenses,* de Mesonero Romanos:

"No fíes, por de pronto, en los halagos que algunas de estas encantadoras te prodigue a tu paso, ni escuches sus ruegos, ni creas en sus palabras; pues que ni tu figura está hecha para enamorar de *un tiro*, ni aunque fueras el mismo Adonis (de lo que distas muy bastante) seríate lícito ni conveniente creerlo así".

Alzo, alzar. – *Alzo*, hurto o robo refiriéndose a personas; y tratándose de gallos, pelea de estos animales en que han salido victoriosos. Dicen los *galleros* (los que aventuran dinero en las riñas de gallos) que *"tal gallo alzó pelo, cuando quisieron que se topara con tal otro"*; lo que significa que, echados a pelear los gallos, el primero tuvo miedo al segundo; fenómeno que se revela por el crispamiento de las plumas de la cabeza de aquél. Si las plumas levantadas son las del pescuezo, el gallo *hace golilla*, y no hay, por consiguiente, peligro de que se corra. Hay hombres a quienes se les *alza* el pelo, y no pocos que *hacen golilla*.

Alzado, da. – Se aplica a los animales domésticos cuando se hacen cimarrones.

Amachinarse. – Amancebarse: tener relaciones ilícitas hombres y mujer. Parece una corrupción del verbo machihembrarse. Cevallos afirma que aquel verbo proviene del quechua.

Amalhayar. – Desear como satisfacer las necesidades y no tener medios de cumplir el deseo. Hay personas pobres, pero hay otras que están *amalhayando*. El verbo de que tratamos es formado de la expresión optativa *mal haya*.

"Porque a Adán hizo comer
Fruto vedado; y llorando
Perdidos y *amalhayando,*
Su golosina nos dejan".
(Padre Reyes. – Pastorela de Olimpia)

Amarradijo. – Nudo mal hecho, por lo regular en el pañuelo. Es un diminutivo que amarra, con una *d* eufónica.

Amarrar. – Vendar: atar, ligar o cubrir con una tira, por lo común de lienzo, los apósitos aplicados sobre una llaga, confusión, tumor, etc.

Amarroso, sa. – Amargoso, desabrido, como el sabor que tienen las frutas *tetelques*.

Ametralladora. – Nombre de una pieza de artillería.

Amol. – (Sapindus saponaria). *Amolli,* azteca. – Sarmiento que se cría en las montañas, el cual, machacado y echado en el agua de los ríos, atolondra los peces, que se cogen con la mano en la superficie.

Amolar. – Este verbo, *fregar* y *bruñir,* son lo mismo que molestar.

Amostazarse. – Avergonzarse.

Amurriñarse. – Contraer un animal la enfermedad llamada *murriña* (morriña). Esta enfermedad se dice que es contagiosa.

Amusgarse. – Avergonzarse, encogerse. Se aplica en este sentido siempre a las personas.

Andar andando. – El que anda en las calles sin objeto determinado, el que, como diría Palma, deja sus "patrios lares" y se va a *rodar tierras, anda andando.* Dice el Diccionario de la Academia, que andar, con gerundios, denota la acción que expresan estos; de manera, pues, que *andar andando* es andar por andar, andar haciendo nada.

Andarivel. – Andar mucho de una parte a otra sin parar en ninguna, o donde se debe.

Andén. – Acera: lugar frente a las casas, más alto que el suelo de la calle, regularmente enlosado y que sirve para que por él transiten los pedestres. La Academia dice que *andén* es sitio destinado para andar.

Andolas. – *Buscar Andolas* es una broma que usan en Danlí, en tiempo de Semana Santa. Consiste en enviar de un corrillo a cualquier forastero que se encuentre en él a *buscar andolas* de casa en casa. Inútil es decir que aquella palabra nada significa.

Angelar. – Suspirar.

Angola. – Una especie de *mantequilla* (manteca), aunque con más propiedad es leche agria.

Anguilla. – El pez que la Academia llama anguila.

Antejuela. – Adulteración de lantejuela o lentejuela.

Anticaño, ña. – Antiquísimo.

Anticuco, ca. – Lo mismo que *anticaño.*

Apacorral. – Árbol gigantesco cuya corteza, sumamente amarga, la emplean los campesinos como tónico y febrífugo.

Apachurrar. – Despachurrar para la Academia, Cuervo, etcétera. Cree Monlau que probablemente despachurrar se formó teniendo en mente a despanzurrar; pero nosotros tenemos el adjetivo *pache*, que se aplica a los sólidos, aplanados o aplastados. El coñaque, en medias botellas, en cuartas y aun en octavas, nos lo remitían de París los señores Pector & Ducu, en unas vasijas de vidrio, planas por el frente y revés, y redondas por los costados, que llamamos *pachas*.

Razón tendrá el inca Garcilaso para consignar en sus *Comentarios Reales* que *apachita*, que aparece ser nuestro mismo término *pache* o *pacha*, en diminutivo, sea una corrupción de *huaca*. Nosotros apuntamos el hecho, sin aceptarlo ni impugnarlo, por falta de datos:

"Dan el mismo nombre (huaca) a los cerros muy altos, que se aventajan de los otros cerros, como las torres altas de las casas comunes, y a las cuestas grandes que se hallan por los caminos, que las hay de tres, cuatro, cinco y seis leguas de alto, *casi tan derechas como una pared*. A las cuales los españoles, corrompiendo el nombre, dicen *apachitas*".
(Garcilaso. – Comentarios Reales).

Existe en azteca el verbo *pachoa*, que significa agacharse, encorvar el cuerpo, apretar el vientre, agazaparse, acurrucarse, etcétera, y creemos que de él se deriva nuestro *apachurrar* o *apachar*, como también solemos decir.

Aparador. – Refresco, en la segunda acepción que tiene esta palabra en el Diccionario de la lengua. Los primeros bachilleres de nuestra Universidad obsequiaron a sus *réplicas* y a los concurrentes al *grado* (examen) con *aparadores*.

Aparejo. – Silla burda de cuero sin curtir, que se pone a las acémilas para afianzar a ella la carga e impedir que se lastimen.

Aparragado, da. – Palabra por la que sustituimos a aparrado o a achaparrado.

Apaste. – *Aparztli*, azteca. – Vasija de barro con dos asas u orejas para servirse de ellas. La fabricación de *apastes*, comales, etc., es una de las pocas industrias que conservamos de los aborígenes.

Apazote. – (Chenopodium ambrosioides). *Epazotl*, azteca. – La planta que la Academia llama pazote.

Apear. – Dar en tierra con una persona, animal o cosa.

Apearse. – Por hospedarse o alojarse es corriente en Honduras, dado nuestro modo de viajar a lomo de mua. Parece tener esta acepción en el pasaje que trascribimos en seguida:

"Volviéndome a Zaragoza el año pasado, llegué a Guadalajara sin ánimo de detenerme; pero el intendente, en cuya casa de campo nos *apeamos*, se empeñó en que había de quedarme allí todo aquel día, etc."
(Moratín. – El Sí de las Niñas).

Apercibir. – Observa Monlau que la acepción recta de este verbo es *notar, advertir, conocer*; y que es traslaticio el sentido que se le da de *prevenir*, disponer, etc.

Apero. – *Aparejo*, lomillos, sudaderos y demás cosas necesarias para las bestias destinadas al acarreo.

Aporcar. – Explicando la Academia lo que es aporcar, dice que es cubrir de tierra ciertas hortalizas; a lo que agregamos nosotros que en Honduras se *aporca* también el maíz, cuya operación consiste en arrimar tierra al pie de la planta.

Aposición de sellos. – Selladura:

"El día y hora designados se procederá a la guarda y *aposición de sellos* respecto de los muebles y papeles que se encuentren entre los bienes de la sucesión, no obstante cualquiera oposición".
(Artículo 828 del Código de Procedimientos de Honduras).

Apostar. – Aventurar dinero en el juego.

Apuntar. – Entre nuestras señoras, *apuntar* la ropa de algodón o de lino es lo mismo que remendarla o zurcirla.

Apuñuscarse. – Lo empleamos como equivalente de *Apiñarse*. Aunque no hayamos visto usado este verbo y aunque algunos crean que es un provincialismo, tal vez sea uno de los tantos vocablos que trajeron los conquistadores. *Apuñuscar* es formado de *puño* y la terminación diminutiva o incentiva *uscar*. *Puño* significa *puñado* en el sentido de cortedad de una cosa de que debe o suele haber contenido, como cuando se dice un puñado de gente. Del mismo modo cuando para evitar un peligro común o por otra causa semejante, los hombres se aproximan los unos a los otros, decimos que se *hacen un puño* o que se *apuñuscan*.

Apuñuscarse, que nosotros pronunciamos casi *apuñusgarse*, tiene la acepción que a *apeñuscarse* da el inca Garcilaso en sus *Comentarios Reales*:

"Viendo el rey que los españoles infantes eran tan pocos, que estaban *apeñuscados* como gente medrosa, dijo a los suyos: estos son mensajeros de Dios; no hay para que hacerles enojo, sino mucha cortesía y regalo".

Arandela. – Candelero, regularmente de hojalata, unido a una lámina de esta misma materia perpendicular a la base. La lámina sirve para impedir que la luz de la bujía ahume la pared en que está fija la *arandela*.

Araña pica caballo. – Arácnido que hay en nuestros campos, y que ataca las patas de los caballos, a consecuencia de lo cual pierden estos los cascos.

Arción. – Correa de que penden los estribos de las sillas de montar. Por lo difícil que se nos hace a los americanos pronunciar *ación*, como dice la Academia, desearíamos que esta ilustre *Corporación* nos permitiera dejar la *r*, o duplicar la *c*, como lo hace el inca Garcilaso:

"Hacían asimismo correones y gruperas (del cuero del huanacu) para las sillas del camino, y látigos y *acciones* para las cinchas y sillas jinetas".

Ardido, da. – Irritado, colérico, enojado.

Arganas. – Zurrón de cuero crudo o pellejo en que se guardan las cosas que se trasportan en acémilas. A una bestia se le ponen por carga dos *árganas*, una a cada lado del *aparejo*, unidas en la parte superior por un palo que se llama *estaca*.

Aribe. – Niño inteligente.

Armarse. – Refiriéndose a las bestias mulares, *plantarse*. Tal vez usamos aquel verbo por suponer que deliberadamente se resiste el animal a caminar.

Arreado, da. – Vale cachazudo.

Arrebiatar. – Palabra corrupta que usamos con frecuencia en vez de rabiatar.

Arrimos. – Los accesorios del *aparejo*.

Arriquín. – Persona que no se separa de otra. Puede ser una corrupción de *arlequín*, pues, como dice Monlau, hay quienes opinen que el vocablo últimamente citado viene del vascuence *arlenequín*, andar conmigo, sincopado en *arnequín* y convertido luego en *arlequín*.

Arrizar. – Metafóricamente tiene la acepción de compeler. *Si fulano no me paga tal día, lo ARRIZO en el cabildo.*

Arrollar. – Corrupción de arrullar.

Arroz de leche. – Arroz con leche: manjar hecho con arroz, leche, azúcar, canela, etc.

Arrurrú. – Las madres, las *chichiguas* y las *chinas* arrullan a los niños en la hamaca cantándoles:

"*Arrurrú* niñito
Cabeza de *ayote*,
Estate quedito
Que ahí viene el coyote".

Creíamos que este *arrurrú o rurrú* sería de invención nuestra; pero en el Diccionario hallamos la palabra *ro*, que se usa repetida para arrullar a los niños, lo que nos hace suponer que *arrurrú* es una adulteración de *ro ro*.

Asoleado, da. – Torpe, *dundo*.

Atadera. – Jarretera: liga con su hebilla con que se ata la media por los jarretes o pantorrillas.

Atajona. – Especie de látigo hecho de una correa ancha y varias angostas que penden de las extremidades de aquella; sirve para arrear las acémilas. Creemos que esta palabra se deriva de *hatajo*, recua, y que por consiguiente debe escribirse *hatajona*.

Ateperetarse. – Hacer las cosas sin tino.

Atipujarse. – Comer y beber una persona hasta hartarse; atacarse. Suponemos que aquel verbo es una alteración de *atiborrarse*.

Atiquizar. – Instigar, incitar a uno a que haga alguna cosa.

Atoleadas. – Fiestas populares que se verifican en los meses de julio a diciembre, tiempo en que hay elotes. Son reuniones de confianza en que se obsequia a los convidados con atole de elote.

Atorador o polinés. – Fruto de cierta especie de plátano, el que suponemos que es el *hartón* colombiano.

Atortujarse. – Atortolarse, aturdirse, confundirse.

Atravesar. – Comprar al por mayor maíz, frijoles y otros comestibles, para venderlos al menudeo. Si bien la acepción que aquí damos a este verbo no aparece en el Diccionario, la conceptuamos castiza.

Jovellanos, en su luminoso *Informe sobre la Ley Agraria*, dice: "Entre estos reglamentos, merecen muy particular atención los que limitan la libertad de los agentes intermedios del tráfico de comestibles, como regatones, *atravesadores*, panilleros, zabarceros, etcétera... Solo se atendió a que compraban barato para vender caro, como si esto no fuere propio de todo tráfico en que las ventajas del precio representan el valor de la industria y el rédito del capital del traficante".

Atravesador dice la Academia que es el que atraviesa; luego *atravesar* ha tenido o tiene la significación que se le da en Honduras.

Atributo. – Armazón de madera, cubierta o forrada con papel, lienzo, etc., en la que colocan una imagen que sacan por las calles en procesión.

Atucún. – Adverbio de modo que se usa con el verbo beber. Se bebe un líquido *atucún*, cuando se toma tan de prisa que entre trago y trago no hay más tiempo que el necesario para tragar. *Atucún* es onomatopeya.

Atucuñar. – Verbo vulgar que vale comer o beber en exceso. Se usa más como reflexivo. *¡Cómo no ha de estar mal el enfermo, si después de haber comido tal cosa se ATUCUÑÓ de agua!* – Llenar una cavidad con varios objetos que para esto se hacen entrar con violencia.

Aturrado, da. – Aplicarse a los cuerpos orgánicos cuando por un desarrollo incompleto no alcanzan a la altura ordinaria. Se dice también de las frutas cuya corteza se pliega ligeramente por la descomposición.

Avenida. – Hemos dado, suponemos que siguiendo a los *yankees*, en llamar *avenidas* a ciertas calles de nuestras poblaciones. Aquí en Tegucigalpa, las calles de Oriente a Occidente llevan oficialmente aquel nombre.

Averiguar. – Altercar, porfiar, valiéndose de términos malsonantes, rayanos en injuriosos.

Ayacaste. – *Ayacachtli*, azteca. – Especie de sonajera. (Véase Chinchín).

Ayotera. – (Cucúrbita pepo). *Ayotli*, azteca. – Planta rastrera, de hojas redondas, cubiertas de pelo muy áspero, la cual produce una fruta comestible llamada *ayote*.

Azarearse. – Avergonzarse una persona a causa de cualquier dicho o hecho que la ponga en situación crítica e inesperada. Este verbo es una corrupción de *azararse*, y de ninguna manera de *azorarse*. Se *azarea* a un amigo cuando en buenos términos y en momentos en que él no lo espera, lo reconvenimos por haber faltado a los deberes de la amistad; y se *azora* a una persona cuando se le infunde miedo o pavor.

Azulejo, ja. – Adjetivo que se aplica a las cosas de color que tira a azul, Eguílaz y Yanguas dice:

"La voz azulejo parece un diminutivo castellano de *azul*, alteración, según Dozy, de la perso-arábiga *lazaward*, lapislázuli".

Azurumbado, da. – Corrupción de azumbrado. Tonto, idiota.

B

Bagre. – (Silurus bagre). Pez común en todos los ríos: está cubierto de un pellejo limpio de escamas, liso, pardo por ambas lados y blanquecino por el vientre; la cabeza es muy grande, relativamente al cuerpo, que es de varios tamaños; tiene el hocico obtuso y unos hilos como los de los barbos.

Por lo resbaloso que es este pez, que al quererlo apretar con la mano se escurre fácilmente, comparamos con él a la persona astuta, lista, que no cae en las redes que se le tienden. *Fulano es un BAGRE*.

Bajareque. – La casa de *bajareque* o de *estacón* es en la que habitan nuestros pobres, y la más accesible a las pequeñas fortunas, por el poco costo que demanda su hechura. Trazado en el terreno en que se va a edificar el paralelogramo que debe comprender la futura casa, en cada ángulo se hinca un *horcón*, y en los puntos intermedios los demás que sean necesarios. Sobre ellos se sienta el techo, cubierto de teja o de paja. En el espacio que queda entre horcón y horcón, se ponen puntales fijos en la tierra y en las vigas, paralelos de dos en dos y uno tras de otro, en los que se amarran horizontalmente las *latas* (rajas de ocote o de roble) con cuero crudo o con cáscara de ciertos árboles; el *enlatado* se rellena de lodo; y cuando el relleno está seco, se revoca la pared por dentro y fuera con *tierra blanca* y después se blanquea con cal. Colocadas las puertas, se procede a enladrillar la casa, si el dueño tiene proporción para ello. Hay casas de esta clase de pared sencilla o de un solo *enlatado*, y no del doble que hemos descrito. En un expediente de tierras del año de 1763 leemos *pajareque*.

Bajera o voladora. – Tabaco de ínfima clase, aquel cuyas hojas están en la planta al ras de la tierra.

Balaca. – Baladronada, fanfarronada. *Echar BALACAS*. Igual significado tiene este término en el Uruguay.

Balagre. – Bejuco algo grueso y espinoso, que sirve para tejer la nasa.

Baldoquín. – Especie de camarín, hecho provisionalmente, donde se coloca la custodia o una imagen. Tal vez es corrupción de baldaquín.

Balear. – Herir con bala.

Baluarte. – Aparato de cañas, en forma de embudo, para coger pescado.

Balule. – Este nombre dan los albañiles a los maderos que fijan en las paredes para sostener los tablones de un andamio.

Balumoso, sa. – Cuando por primera vez oímos decir a uno de nuestros aldeanos, en el momento de poner una carga de líos, maletas, etcétera, en el lomo de una acémila, que la carga era muy *balumosa*, nos pareció haber escuchado un barbarismo, una adulteración de *voluminoso*; pero consultando detenidamente el Léxico de la Academia, encontramos que existe la palabra anticuada *balume*, y es más que significa lo que abulta mucho, y es embarazoso por su volumen que por su peso. Así es que, aunque el adjetivo *balumoso* no aparezca en los diccionarios que tenemos a la vista, no iba muy fuera de camino nuestro aldeano, aplicando este derivado de balume a la abundancia de bultos que formaban la carga.

Bamba. – Nombre que familiarmente damos al peso. Así, pagar en *bambas* es pagar en *soles*.

Bambador. – La faja de cuero del mecapal.

Banda. – Ceñidor, casi siempre de burato, que usaban nuestros mayores. Primero los *pretales* y después los tirantes, han venido a desterrar las *bandas*. Creemos que este vocablo ha tenido la aceptación que aquí le damos, porque, por su etimología, significa atadura, liga. – Faja: insignia de algunos militares de alta graduación.

Baraja o burja. – Arbusto cuya raíz es purgante y sirve para curar las enfermedades venéreas. Abunda en las márgenes del río Aguán.

Barajustar. – Para nosotros una bestia *barajusta* cuando sale de estampía. En sentido figurado se dice también que las personas *barajustan*.

Barbasco. – Sarmiento que tiene las mismas propiedades que el *amol* para atolondrar los peces. Esta planta es conocida en el Ecuador, y con dos *b b* la escribe el señor Mera en su preciosa novela *Cumandá*. El Diccionario autoriza esta ortografía, puesto que consigna el verbo embarbascar, que indudablemente se deriva de *barbasco*.

"Es prohibido el uso del *barbasco* y de cualquiera otra sustancia que produzca iguales efectos para la pesca en los ríos".
(Artículo 347 del Reglamento de Policía de Honduras).

Barbiquejo. – Los puristas quieren que remendemos esta palabra diciendo barboquejo; pero en escritos del siglo diez y seis hallamos *barbiquejo*, término que seguimos usando, Magüer no conste así en el Léxico de la Academia. *Barbiquejo* encontramos en la *Historia de San Martín y de la Independencia Sudamericana,* del general Mitre.

Barcino, na. – Se dice del color de los animales que, sobre cualquier fondo, tienen rayas anchas trasversales.

Barco. – Lo mismo que *nambira*. (Véase esta palabra).

Barquinazo. – Caída, *volantín*.

Barrencar. – Por *barrenear* a una persona se entiende hacerle la operación llamada paracentesis.

Barretear. – Trabajar con la barra, escarbando, abriendo hoyos, zanjas, etcétera.

Barrilete. – Cometa grande con que juegan los muchachos en el mes de noviembre. Tiene la figura de un hexágono y la vuelan o encumbran con cabuya.

Bartolón. – Colmena parecida al Erete.

Bastedad. – Sustantivo abstracto que hemos formado de basto.

Baticolearse. – Verbo derivado de baticola. Ludirse la cola de una caballería por el uso de la *gurupera*.

Batidor. – No es para nosotros el bate, acepción que da a esta palabra la Academia, sino la vasija en que se bate el chocolate, *tiste*, etcétera.

Batir. – Aclarar: volver a lavar la ropa con agua sola después de jabonada.

Bato. – Cada una de las personas, varones, que intervienen en las *pastorelas* del padre Reyes. Esta palabra era conocida en Chile a principios de este siglo:

"Hacen su papel tan bien,
Con un ademán tan grato,
Que ni la danza de *Bato*
En el portal de Belén".
(Historia de la Literatura Colonial de Chile).

18

Bató. – Embarcación más grande que la canoa. Parece ser este vocablo el *bateau* francés, aunque *bató*, en *paya*, significa canoa.

Bayunco, ca. – Aplicase a la persona burda, grosera, rústica. Este adjetivo puede provenir de *bayuca*, taberna, y que ya encontramos en las Partidas, o tal vez será un diminutivo de *valle*, que para nosotros es sinónimo de aldea.

Beber agua. – Cuando se ve una trompa, o sea una parte de una nube, que a modo de pico de alambique desciende desde ella al mar, del cual absorbe agua que levanta en torbellino, decimos que las nubes están *bebiendo agua*.

Bejuco de estrella. – Planta que en la medicina popular utilizan en infusión para curar la hidropesía.

Bejuco de uña. – Cualquier bejuco que sirve para amarrar. A estos bejucos también se les llama *chilillo*, *chuchulmeca*, *corralmeca*.

Bellísima. – Planta trepadora que produce unos hermosos ramos de flores color de rosa y que se cultiva en nuestros jardines.

Benque. – (*Bank*, inglés. – Orilla de un río). Establecimiento de corte de maderas, como caoba, cedro, etcétera, para la exportación, regularmente situado a orillas de los ríos.

Berbería. – Cierta yerba de que se extrae un color amarillo. – Este mismo color.

Bernia. – Haragán, cachazudo, *arreado*.

Bestia de lazo y reata. – La caballería, especialmente mula o macho, que puede prestar también servicios de acémila.

Bibicho. – Gato. Suponemos que aquel término es una adulteración de micho.

Bichín, na. – Se dice de la persona o animal a quien le falta un pedazo de labio o alguno o algunos dientes. Por analogía se aplica también a los *apastes*, picheles, etcétera, cuando en virtud de quebradura les falta parte de la orilla de la boca.

Billarda. – Trampa para coger lagartos.

Bimba. – Persona de elevada estatura. – Boca grande con labios abultados.

Birriñaque. – Bollo de pan mal hecho.

Bizcoreto, ta. – Diminutivo de bizco. Añade la idea de desprecio a la significación del nombre de que se deriva.

Blanco. – Abeja más pequeña que las comunes, de color blanquizco; y el panal que fabrica.

Bocadillo. – Conserva de coco.

Bocarada. – Corrupción de bocanada. Palabra obscena, soez.

Bocatero, ra. – Vale hablador.

Bofo. – Cuando esta palabra significa blando, esponjoso, es una corrupción de *fofo*; mientras que si con ella se designa el bolo de madera de que se sirven los zapateros para lustrar la suela, es una alteración de *boj*.

Bojote. – Envoltorio de forma esférica. – Bolita de una sustancia blanda.

Bolado. – En el juego de billar y sus congéneres, lance hecho con destreza y habilidad por el tahúr. Hay *bolados* simples y de combinación. – Comúnmente significa nuestro término asunto, negocio. *Tirar un BOLADO.*

Bolero. – Sombrero de copa alta que solo lo usamos en las grandes festividades.

Bolo, la. – Barruntamos que *bolo*, por ebrio, como lo usamos nosotros, ha significado lo mismo en España, si es que ya perdió esta acepción. En los *Opúsculos Gramático-satíricos* que Puiblanch escribió contra el canónigo Villanueva, se lee lo siguiente:

"¿Cuántas veces y por cuantos, señor canónigo, se le ha de inculcar a usted que deje lo necio por lo cuerdo, y lo místico por lo de hombre de bien? ¿Y dónde es que le llamó a usted *bolo*, como también afirma?".

Aquí *bolo* no puede significar *hombre ignorante y de cortas luces*, porque repetidas veces Puiblanch había dicho a su contrincante esto y aun cosas peores. (Véase Embolar.)

Bolsa. – A los bolsillos del vestido les decimos *bolsas*; y bolsillo solo es para nosotros el que se hace en la parte inferior de la pretina del pantalón.

Bolsear. – Sustraer furtivamente algo de las *bolsas*, o simplemente registrar estas con el fin indicado. *Fulano fue a bañarse al río y lo BOLSEARON.*

Bollo. – Dar *bollos o bollazos* es lo mismo que dar golpes con el puño cerrado a una persona. Dice la Academia que en sentido figurado *bollo* significa hinchazón que levanta en la cabeza un golpe que no saca sangre.

Bomba. – Versos que improvisa la gente del pueblo en sus jaleos. En este mismo sentido lo usan en España:

"Porque aquellos (los zamarros) eran hombres de buen humor, que así entonaban un epitalamio como bailaban un zapateado; que así disertaban en una Academia como improvisaban una *bomba* en un regalado festín".
(Mesonero Romanos. – Tipos y Caracteres).

También llamamos *bombas* a las borracheras, especialmente a las que son de *padre y muy señor mío*.

Bombear. – En el trato familiar, tomar una cosa que otro había reservado para sí colocándola en lugar oculto. *Escondí en el baile una botella de coñac y me la BOMBEARON*.

Bongo. – Embarcación menor hecha ahuecando el tronco de un árbol, regularmente de cedro. Los *bongos* de los ríos se llaman también *pipantes*.

Bonito. – Sustituye a hermoso en el refrán *a quien feo ama, hermoso le parece*.

Botadero. – Atajo por un terreno inclinado. No hallarle a una cosa *botadero* es no hallarle solución.

Botado, da. – Lo mismo que barato, a muy bajo precio, a huevo. *El maíz está BOTADO o por el suelo*. – *Botado o botarate* significa también derrochador.

Botar la leña. – Cuentan que hasta hace poco tiempo desapareció de entre los aborígenes la costumbre de que, cuando se querían casar, el novio pobre botaba un tercio de leña en el patio de la casa de la novia; y el rico ataba en las inmediaciones de la misma casa una vaca gorda, si en los tres días siguientes la novia metía la leña o mataba la vaca, se tenía por aceptada la proposición de matrimonio hecha por aquellos medios.

Botija. – Tesoro, *entierro*.

Botón de leche. – Así le decimos a los botones de loza o porcelana.

Bozal. – Nudo corredizo que, con la cuerda o soga que está unida a la cabeza de una caballería, se hace al hocico de esta para conducirla con facilidad.

Bracear. – Nadar sacando los brazos para adelante.

Bramadero. – Palo que para atar al ganado se fija contiguo al matadero, y en general cualquier palo sembrado para atar animales cerriles.

Bravo, va. – Enojado.

Brazos. – Peones, jornaleros. No hemos sustituido los americanos por esta palabra a *braceros*, como afirma Juan de Arona.

"Como las posesiones son grandes, para todas estas labores se necesita un gran número de *brazos*, que no prestan sus auxilios sino por altos y arbitrarios jornales".
(Obras de Jovellanos, Tomo 4°).

Bregeta. – Reunión de personas entregadas a toda clase de contentamiento y placeres. – Necedad, molestia. Esta palabra tiene trazas de ser un diminutivo de brega, por chanza, burla, zumba.

Briche. – (*Bridge*, inglés). Puente.

Brisa. – Vientecillo impregnado de agua.

Búcaro. – Variedad de lirio.

Buchaca. – Cárcel, jeruza.

Buey de agua. – La mayor medida de agua en las *Ordenanzas de tierras y aguas* de la República mejicana; es una abertura o data de figura cuadrada que en cada lado tiene una vara. – Es frecuente oír decir que de la herida de una persona salía un *buey* de sangre, para ponderar la abundancia de este líquido.

Bulto. – Cartapacio: bolsa en que los escolares llevan los libros, plumas, etcétera. – Papeles que se ponen debajo del en que se escribe.

Buluchada. – Corrupción de bolichada.

Bullaranga. – Lo mismo que bullanga.

Burujaca. – Burjaca, con una *u* de más.

Burra. – La parte de trabajo que deja por hacer el destazadero. Es término rural. – Cierto pez de río, muy espinoso.

Burrión. – Corrupción de gorrión; colibrí. Es el *tzintzon* de los mejicanos.

Burro obrero. – Garañón.

Burrusco. – Arbusto cuyas ramas están entrelazadas entre sí o con bejucos.

Buscapleitos. – Buscarruidos.

Butuco, ca. – Se dice de las personas obesas y de pequeña estatura y de las cosas gruesas y cortas. *Plátano BUTUCO.*

Butute. – Cuerno de ganado vacuno, al que con una sierra se le ha quitado la punta. Cuando se arrea novillos siempre va una persona delante de cada trozo, quien suena el *butute* cuando es necesario, a fin de que las reses que se apartan del camino busquen a sus compañeras. Creemos que este vocablo es una corrupción de *botuto*, nombre que se daba, según el señor Bachiller y Morales, a la trompeta sagrada de los indios de las orillas del Orinoco.

C

Caballada. – Despropósito: dicho o hecho fuera de razón. – Palabras soeces.

Caballito. – El caballete de la nariz.

Caballito de San Vicente. – Insecto del orden de los neurópteros, designado por los naturalistas con el nombre de libélula.

Cabañuelas. – Cálculo que, observando las variaciones atmosféricas en los diez y ocho primeros días de enero, forma el pueblo para pronosticar el tiempo que ha de haber en cada mes del año. Del primero al doce de enero, a cada día corresponde un mes, y del trece al diez y ocho, la mañana corresponde a un mes y la tarde al siguiente.

Cabeza. – Entre los mineros, residuo que contiene plomo y plata y que queda después de hecha una quema. Este residuo, es *caído* del dueño del horno u oficina donde se practica aquella operación.

Cabeza de viejo. – Flores blancas, como de algodón, que produce una especie de cardón o tuna, que sirve para cercas.

Cablegramas. – Telegramas que se trasmiten por el cable submarino.

Cabresto. – Corrupción de cabestro; *persogo*. (Véase esta palabra).

Cabro. – El macho de la cabra; macho cabrío. Observa con razón Gagini que si hay *cabrito*, este diminutivo ha de ser de *cabro* y no de cabra.

Después de escritas estas líneas hemos visto confirmada la observación del señor Gagini:

"La casa ante el velo, esa avien por coro:
Hi ofrecien *cabro* é ternero é toro".
– (Becerro).
(Copiado de la Gramática de Bello).

Cacalota. – ¡Cuánto no dieran algunos por no tener *cacalotas*! Pero son tales las exigencias de las modernas sociedades, según dicen, que por más que Courcelle-Seneuil, Madrazo y otros economistas se desgañifen por que se ponga en práctica el axioma de que los gastos sean menores que las entradas, nada obtendrán estos maestros contra la corriente de las ideas. Aquel axioma de puro viejo ha caído en desuso. ¿Cómo vamos a convencer, por ejemplo a un joven galancete o que presume de serlo, de que no ganando más que una módica mensualidad, de la que come y bebe, no ha de estrenar con frecuencia bonitos ternos? La sociedad le exige andar aseado y sobre todo a la moda. Pero esta misma sociedad es injusta dando el nombre de la hembra del cuervo americano, *cacalota*, a la deuda que contrajo el galancete para dar cumplimiento a las leyes que algunos llaman de *buen tono*. En otros tiempos, en que había prisión por deudas, tenía esta amenaza el que no pagaba las que había contraído; pero no compadeciéndose el apremio personal con las garantías individuales de que deben gozar los estantes y habitantes de la república, hemos autorizado a todo quídam para que se llene de *cacalotas* (o *chíos*, que es lo mismo), aunque no tenga cómo pagarlas; previniendo al acreedor que, llegado este caso, apunte las deudas incobrables a la cuenta de *Ganancias y Pérdidas*.

Cacalichuchue. – (Véase Flor mestiza).

Cacao o nance. – Se dice de la madera negra.

Cacao mico. – Cacao silvestre, que se distingue del cultivado en que la nuez es más larga; es bastante estimado por su buen gusto.

Cacao pinol. – *Cacauapinolli*, azteca. – Bebida de la harina que se prepara con cacao y pinole de maíz *pujagua*.

Cacaraquear. – Palabra corrupta: cacarear.

Cacaste. – *Cacaxtli*, azteca. – Esqueleto de hombre o de animal. *Los zopilotes se comieron la res, y no ha quedado más que el CACASTE*.

Cacreco. – El estado de un asunto o negocio que ofrece muchas dificultades para resolverse.

Cacha. – Así llamamos siempre al mango del cuchillo o navaja, contra el parecer de la Academia y de algunos académicos, que quieren que se diga *cachas*. Sin embargo, en el uso de *cacha* no estamos solos:

"*Cacha*. – Aunque P. de Alcalá trae *cacha*... por correspondencia árabe de *cabo de cuchillo, empuñadura, mango de cuchillo*, entiendo que aquella voz no es más que la corrupción de la latina *capulus*, contracta *caplus*, "el cabo o empeñadura del cuchillo" en Nebrija, etc.

(Eguílaz y Yanguas. – Glosario Etimológico de las palabras españolas de origen oriental).

Además de esta acepción, tiene *cacha* la de *diligencia*.

Cachar. – En el trato familiar, cuando un muchacho se apropia ocultamente una cosa de la pertenencia de su padre, madre o de otro miembro de la familia, decimos que se la ha *cachado*. ¿Tendrá alguna relación nuestro *cachar* con el *cacher* de los franceses? También significa *cachar* hacer la diligencia para adquirir.

Cacharpa. – Trasto inútil. Este vocablo tiene origen quechua.

Cachetera. – Carabina.

Cachicha. – Berrinche, enojo. *Te voy a quitar esa CACHICHA con unos cuerazos*. Demás está decir que tenemos el verbo *encachicharse*, que vale enojarse.

Cachimba. – Utensilio de uso común para fumar tabaco. También se le dice *faifa*. – Cápsula vacía de arma de fuego.

Cachinflín. – Equivale a lo que en español se llama buscapiés. Antes no faltaban los *cachinflines* en los fuegos artificiales; hoy están prohibidos por un acuerdo del gobernador político de este departamento.

Cachipuco, ca. – Aplícase a las personas que, a consecuencia de una hinchazón pasmada o de un tumor en la cara, tienen un cachete más abultado que el otro.

Cachito. – El fruto del aromo. (Véase Espino de Comayagua).

Cachurecos, coquimbos. – Aquí, como en todas partes donde se disfruta de más o menos libertad, los partidos políticos se agitan por la dirección de la cosa pública. Nuestros históricos partidos son dos, según afirman rotundamente los entendidos en achaques de política; los conservadores, llamados también *serviles* y *cachurecos*, y los liberales, a quienes califican con los nombres de *rojos, colorados y coquimbos*. El epíteto de *cachureco*, dice el doctor Don Ramón Rosa, en la Biografía inédita del general Morazán, que data del año de mil ochocientos treinta y tantos, en que entró el general Rafael Carrera con sus huestes a la ciudad de Guatemala, llevando, en lugar de clarín o trompeta, un cuerno entre nosotros *cacho*; provincialismo del cual hemos derivado la palabra *cachureco*. El vocablo *coquimbo* con que se apellida a los liberales vino a enriquecer el idioma patrio el año de 1842, en que los últimos partidarios del general Morazán, liberales, comandados por el general Saget, se trasladaron en Puntarenas, puerto de Costa Rica, al Estado de El Salvador en la barca "Coquimbo"; probablemente solo los que llegaron al Salvador han de haber sido *coquimbos*, pero hoy lo son no solo los descendientes de aquellos que sigan las ideas de sus padres, sino de todos los que, con posteridad, afirman bajo su palabra de honor profesar el credo del partido liberal.

Cada manada. – A menudo, con frecuencia.

Cadejo. – Cuadrúpedo fantástico, de ojos colorados y que, a lo que parece, como que también tenía cuernos, porque dizque topetaba a los *bolos* (ebrios) que encontraba en la calle en las avanzadas horas de la noche. De las embestidas de este cuadrúpedo nadie se libraba; y si mal no recordamos, como que una vez, en las calles de Tegucigalpa atacó a todo un capitán de infantería, y por más que este tiró mandobles al diabólico animal, hasta sacar chispas de las piedras en que pegaba el sable, no se libró de la topetada. El susodicho animal hace muchos años que dejó de salir, pero aún se ruge que hay personas a quienes *topea CADEJO*.

Cadena. – La labor de hilo que hacen las señoras, especialmente las niñas de los colegios, dice el Diccionario que se llama cadeneta, y no *cadena*, como decimos nosotros.

Caer una cosa en poza azul. – Caer una cosa en el pozo airón.

Cagalera. – Árbol espinoso, que sirve para cercas. Produce una fruta negra, dulce y lechosa.

Café a la zamba. – Café que se hace calentando el agua con unas

Caido. – Todo emolumento. *El secretario municipal tiene muchos CAÍDOS.*

Caite. – *Cactli,* azteca. – Especie de sandalia que usaban los aborígenes y que conservan nuestros labradores. La Academia dice cacle.

Cajete. – *Caxitl,* azteca. – Cazuela de barro, sin asas, vidriada por la parte cóncava.

Cajonga. – Tortilla grande de maíz mal molido.

Calabacear. – Dar calabazas.

Calabacera. – Planta rastrera, semejante a la que produce los *ayotes*. Hay dos variedades: una que da frutos ceñidos, y otra redondos. De la cáscara de los primeros, quitada la punta, se hacen los *ceñidos* o *tecomates*; y de la de los segundos, los *calabazos*, dividiendo por mitad el fruto.

Calache. – Lo mismo que cachivache.

Calaguastazo. – Golpe dado en la cabeza con una piedra.

Calamucano, na. – Borracho.

Calazo. – Golpe dado con una cosa a otra. En español hay *calao*, que significa cántaro, cangilón, vaso de barro; por lo que creemos no es remoto que nuestro vocablo se derive de *calao*, y que haya comenzado por expresar la idea de golpe que se da en un cántaro o mueble semejante. – Trago de aguardiente o coñaque; *farolazo*. (Véase esta palabra).

Calenturear. – Padecer calenturas.

Calilla. – Diminutivo de cala, en la tercera acepción que a este término da el Diccionario de la Academia. El expresado diminutivo se halla en el Diccionario de Monlau. En sentido figurado es una *calilla* la persona que nos molesta mucho.

Calpián. – *Calpia*, azteca. Persona que tiene a su cargo vigilar o cuidar cosas ajenas.

Calpul. – Regularmente usamos esta palabra en plural, y designamos con ella los montículos que hay en los lugares donde existieron poblaciones de aborígenes. Nuestro término es el azteca *calpulli*, que significa arrabal, villa, barrio, distrito, etc. En los títulos antiguos de tierras, *calpul* significa hito o mojón.

Callejera. – La mujer callejera es para nosotros la de la vida airada, acaso por lo que dijo Moratín en su drama *El Viejo y la Niña*:

> "Las mujeres recogidas
> Que tiene juicio y vergüenza,
> Se están en casa, y no son
> Busconas ni *callejeras*".

Cama de viento. – Aquella cuyo lecho es de cuero crudo.

Caguama. – *Camauac*, azteca. – Se dice del maíz que comienza a secar y de la fruta que no está en completa madurez. *Entre CAMAGUA y elote.*

Camalote. – Gramínea que habita en los terrenos pantanosos y en las orillas de los ríos. La hoja, semejante a la del maíz, es un buen pasto. Alcedo llama *gamalota* a esta yerba, y el *Semanario de la Nueva Granada, gramalota*. Esta última presumimos que es la forma primitiva de aquel término.

Camastrón. – Solo lo usamos como aumentativo de camastro.

Camochar. – Desmochar: cortar o quitar las ramas de los árboles o plantas.

Camotillo. – (Cureuma tinetoria). Planta tintórea que da un hermoso color amarillo.

Campanazo. – Golpe que da el badajo en la campana; campaneada.

Campanear. – Tocar de cierto modo las campanas. – Misa *campaneada* es la que se anuncia con un toque particular, que indica a los fieles que la misa será rezada.

Camperuno, na. – Penco. (Véase esta palabra).

Campista. – Persona que mediante un salario recorre el hato o sabana en que este se encuentra, con el fin de buscar una res o de reunir el ganado.

Camuliano, na. – *Camiliui*, azteca. – Se dice de las frutas cuando comienzan a madurar.

Canana. – Impropiamente damos este nombre a la cacerina.

Cancel. – Panderete: tabique de ladrillo.

Cancha. – Patio o corral. Esta palabra de origen quechua, en la acepción expresada, hace mucho tiempo que forma parte de nuestro idioma legal y común:

"Reconocida la existencia de la mina, los fundos superficiales quedan sujetos a la servidumbre de ser ocupados en toda la extensión necesaria para la cómoda explotación de ella... para el establecimiento de *canchas*, terrenos, etc.".
(Artículo 6°. – Código de Minería).

Cancha, por maíz tostado, acepción que también tiene, es desconocida para nosotros.

"*La zara* tostada llaman *cancha*, quiero decir *maíz tostado*, incluye en si el nombre adjetivo; y el sustantivo hace de pronunciar con *m*, porque con la *n* significa barrio de vecindad o un gran cercado.

(Garcilaso. – Comentarios Reales).

Candela. – Participación en un asunto o negocio. Se usa comúnmente con los verbos tomar, dar y tener. – *Nuestras candelas de esperma son de estearina.*

Candelillas. – Luciérnagas, familia de los escarabajos, que en las noches oscuras alumbran con una brillantez y hermosura extraordinarias. – Hay un juego de muchachos en que unos gritan "*¿Hay candelillas?*" y los otros contestan "*por allá jumean*".

Candil. – Lamparilla.

Candinga. – Chanfaina.

Candonga. – Pedazo cuadrado de holán o de cualquier otro género, que hecho cuatro dobleces, sirve para fijar a los niños recién nacidos cubriéndoles el ombligo.

Canela. – Astilla que se arranca de un trompo con la púa de otro trompo.

Canilla. – Entre nosotros vulgarmente vale pierna.

Canillazo. – Perder en un negocio de minas es llevar un *canillazo*.

Canjura. – Nombre de un veneno indígena, tan activo como la estricnina.

Canónigo. – Dícese de la persona a quien, por su buena suerte en el juego, no se le puede ganar.

Cantaleta. – Damos este nombre a lo que el Diccionario llama cantilena; repetición molesta e importuna de alguna cosa.

Cantar pavita. – Humillar, en la acepción figurada que a este verbo da el Diccionario de la Academia.

Cantárida. – De los insectos de este nombre tenemos dos especies: unas pardas, pequeñas que se crían con abundancia, en los meses de junio y julio, sobre la planta llamada *frijolillo*; y las otras, grandes, negras. Unas y otras son acaso más cáusticas que la verde extranjera.

Cantear. – Inclinar, torcer.

Cantil. – Borde de un despeñadero o derrumbadero. Esta palabra es derivada de canto.

Cantina. – Puesto público en que se vende coñaque, cerveza y otros líquidos alcohólicos.

Canuto. – Mango de pluma, sea o no horadado.

Caña trita. – Caña de Otaiti.

Caña brava. – Caña silvestre muy dura; gramínea parecida a nuestro *carrizo*. El mismo nombre tiene en el Ecuador. *Paja brava* encontramos en *Tabaré*, de Zorrilla de San Martín.

Cañas. – Nombre de un artificio de pólvora.

Cañifla. – Brazo o pierna flacos o enjutos.

Capa. – El principio de la antigua pedagogía de que la letra con sangre entra, llevó a nuestros maestros a infligir a sus discípulos las más severas penas, a las cuales pertenece la de la *capa*. Esta consistía en dar una azotaina al alumno en las posaderas descubiertas, para lo cual dos de sus condiscípulos lo tenían sujeto convenientemente de los brazos y de las piernas. Este castigo se aplicaba a puerta cerrada. – Criaderos minerales en *capa o manto* son aquellos en que la sustancia útil mineral se encuentra en un blanco, que forma con otros paralelos un terreno sedimentario.

Capacho. – Cierto *chapulín*, que el vulgo ha encontrado semejante a la cara de un fraile con capucho.

Capéndulas. – Tecla: materia o especie delicada que debe tratarse con cuidado.

Capellina. – Aparato que hay en las haciendas de beneficio de metales, y que sirve para purificar la plata.

Capillada. – No obstante que desde algún tiempo después de la independencia no tenemos frailes, bautizaron, allá por los años de cincuenta y tantos, con el nombre de *capillada* a unos impresos acres y violentos contra determinadas personas de esta capital. Uno de estos impresos, nos parece que el último, se llamó *clavellina*, lo contestó don José Barrundia y lo tuvo a la vista el americano Bancroft para escribir la *Historia de la América Central*.

Capotear. – Usar todos los días un traje o una pieza cualquiera de vestido.

Capotera. – Mueble en que se cuelga la ropa de lana; percha.

Cápsula. – Cartucho de metal, que con la carga de pólvora y bala contiene también el fulminante.

Capullo. – Porción pequeña de algodón o de lana escarmenada.

Carajón. – La palabra cagajón adulterada.

31

Caranga. – Lo mismo que caucano o piojo.

Carao. – (Ceratonia cilicuaniga). Árbol copado, de los climas cálidos. Produce un fruto leñoso, como de media vara de largo, en cuyas celdillas hay una melaza que tiene propiedades tónicas y depurativas.

Carátula. – Portada, frontis de los libros.

Caravana. – Cortesía, saludo. Se usa tamb́en en Méjico, como aparece de los siguientes versos de Anastasio Ochoa, quien critica el señor Pimentel:

"Leyendo estaba yo cierta mañana
Y a casa entró cantando un caballero,
Prosiguió sin quitarse el gran sombrero
E hízome con los pies la *caravana*".

Carbonera. – Nombre de una planta que cultivan en nuestros jardines.

Careto, ta. – Se aplica principalmente a los muchachos que tienen la cara sucia o con chorretes.

Cargar. – Llevar uno consigo habitualmente una cosa. *Ya Pedro CARGA revólver*.

Carlanca. – Persona que molesta mucho; y la molestia misma.

Carnaza. – Tratándose de un peligro, *echar a uno de CARNAZA* es arrojarlo al lugar donde el riesgo es mayor, para evitar el daño la persona que ejecuta esta mala acción.

Hablando el Inca Garcilaso de la manera cómo asesinaron al marqués de Pizarro, dice:

"Juan de Rada y otro de los compañeros, arrebataron en brazos a Narváez, y lo arrojaron la puerta adentro para que el marqués se cebase en él, y entretanto entrasen los demás. Así sucedió que el marqués recibió a Narváez con una estocada y otras heridas que le dio, de que murió luego. Entretanto entraron los demás, y los unos acudieron al marqués, y los otros a los pajes".

Nosotros, en lugar de Garcilaso, hubiéramos dicho que de Rada y sus compañeros *echaron de CARNAZA* a Narváez.

Carranganada. – Carretada: muchedumbre o cantidad grande de cosas de cualquiera especie.

Carrate. – Lo mismo que Congo.

Carrera. – Carrera de bombas.

Carretón. – O devanador de hilo, es lo mismo que carrete o carretel. *Carretón*, según la Academia, es diminutivo de carreta, que a su vez lo es de carro.

Carrizo. – (Arundo donax). Caña común.

Cartabón. – Instrumento de madera, a modo de escuadra, con que se midió, el año de 1879, la altura de todas las personas que, por primera vez y por disposición suprema, se inscribieron en el asiento militar.

Cartucho. – Lo que para el Diccionario de la Academia es cucurucho; papel arrollado en forma de cono para poner dulces.

Casabuyano. – Vale Camuliano.

Casaca. – Animada y larga conversación en voz baja entre dos personas.

Casamata. – Solo de una tenemos noticia que existe en Honduras, en las inmediaciones de la capital; pero esta bóveda no sirve ni ha servido para poner batería, ni para que la tropa que está en una batería se liberte de las bombas o granadas del enemigo, sino para guardar pólvora.

Casampulga. – Araña de pies cortos, de vientre rojizo y del tamaño de un guisante. Es venenosa. Parece la verdadera *Lycosa*, de la especie *Lycosa Tarentula*, de Latreille. Se dice que el remedio más activo contra el veneno de este animal es el excremento humano.

Cascabel. – Culebra de cascabel; crótalo.

Cascarear. – Dar golpes a una persona con las manos o con una cosa; cascar.

Casera. – Vale concubina.

Casquillo. – Forro de tafilete o de cualquier otro cuero suave y adobado que se pone a los sombreros. – Una sustancia nutritiva que, en los tiempos de hambre, saca la gente pobre de la planta que llamamos *lanilla*.

Casulla. – Grano de arroz que, por no haber despedido la cascarilla, se separa de los demás con que va a preparase el alimento.

Cata. – Labor somera que se hace para descubrir minerales, y a la que el Código de Minería llama también calicata.

Catafusa. – Especie de burjaca, que tiene diferentes usos.

Catimplora. – Síncopa de cantimplora; vasija de cobre o de lata, en forma de *pacha*, para llevar en los viajes coñaque, aguardiente o agua.

Cativí o bienteveo. – Especie de herpe que produce unas manchas moradas en el cuerpo humano; se dice que es enfermedad contagiosa y hereditaria.

Catizumba. – Multitud de personas o de cosas.

Caucel o tigrillo. – *Tlalocelotl o tlacelotl*, azteca. – Tigrillo americano. (Félix tigrina).

Caula o cábula. – Corrupción de cábala; negociación secreta y artificiosa. Coger CAULAS es sorprender esta clase de negociaciones.

Caulote. – *Quauhxiotl*, azteca. – Árbol de la familia de las malvareas, semejante en la hoja y fruto al moral. El mucílago, de que tan cargada está la corteza, se emplea contra la disentería, y con el mismo refinan la mezcla los albañiles.

Cayanco. – Cataplasmas de yerbas calientes.

Cebolla. – Mando, autoridad. *Pedro tendrá pronto que entregar la CEBOLLA a Juan,* quiere decir que el primero resignará en el segundo la Gobernación, Comandancia, Alcaldía, etc., que tiene a su cargo.

Cecesmil. – Plantío de maíz prematuro. Es palabra de origen azteca, compuesta de *cecelic*, tierno, y *milli*, campo cultivado.

Cedrón. – (Simaba cedrón). Fruto muy amargo, que se emplea para curar las calenturas intermitentes.

Cegatón, na. – Cegato: la persona que no ve bien.

Celeque. – *Celtic,* azteca. – Epíteto que se aplica a las frutas tiernas.

Cemita. – Aféresis de acemita: pan que se hace de cabezuela.

Cenzonte. – (Mimus gilvus). *Centzontlatolle*, azteca. – Pájaro fisirrostro, muy canoro. La Academia escribe sinsonte.

Cepa. – Para la Academia es la parte del tronco del árbol que está dentro de la tierra; para nosotros, refiriéndonos al plátano, *cepa* son los varios árboles o plantas que tienen una raíz común.

Cepo de campaña. – Consiste esta tortura, que se aplicaba a los individuos de tropa, en sujetar al hombre, atándole los dedos pulgares de las manos por debajo de los músculos y atravesándole uno o varios fusiles entre los brazos. Esta tortura se llama en otras partes de América *cepo colombiano*.

Cera. – De las semillas del arbusto que llamamos *pimientilla*, se extrae una cera a que le damos el nombre de *cera vegetal*; la de los panales, que sirve para la fabricación de bujías, cirios, etc., es *cera de Castilla*; y a la de los panales del país, que tiene diferentes aplicaciones en la industria, se le dice *cera bruta*, o simplemente *cera*.

Cerco. – Así decimos y no cerca; y como aquel vocablo acaba en *o* en masculino: *el cerco*. Son *cercos de prendón* los de árboles o plantas vivas, como de *piñón o tempate, piñuela, jiñicuite*, etc.

En Colombia dicen también *cerco* por cerca:

"Las *cercas* de las casas de las extremidades (de Ambato) son de agave americano, durazno, molle (shinus molle), sobre quienes enredan los mastuerzos (tropelus majus), que hemos visto floridísimos y presentando la vista más deliciosa.
(Semanario de la Nueva Granada).

Cerda. – Entre tahúres de dados, derecho que uno de ellos compra al otro para apropiarse por determinado tiempo de algunas de las ganancias del vencedor.

Cernada. – Agua con ceniza que queda en el *apaste* después de sacado el *nixtamal*, o la que se prepara para limpiar los utensilios de cocina.

Ceroso, sa. – Aplicase a las cosas blandas y pegajosas, como la cera prieta de los panales llamados *jimeritos*.

Cerote. – No con este nombre, y sí con el de *cera*, conocen los zapateros la mezcla de cera y pez que les sirve para encerar los hilos con que cosen los zapatos. – Nuestro *cerote* es el zurullo del Diccionario.

Cetra. – Acetre o cetre, masculino, que no *cetra*, es el nombre que da la Academia al caldero pequeño en que se lleva el agua bendita para hacer las aspersiones de que usa la Iglesia.

Cicahuite. – El árbol llamado *quebracho* o quiebrahacha está a la vista el origen mejicano de esta palabra, en que su último componente es *quahuitl*, árbol.

Cicimite o cicimique, a. – *Tzitzimitl*, azteca. – Mono que suponemos será el antecesor del hombre de Darwin. En poca cosa se diferencia del individuo de la especie humana, solo en que carece del uso de la palabra, pues el grito del *cicimite*, aunque tiene inflexiones más o menos agudas queriendo al parecer expresar dolor, alegría, miedo, etcétera, está muy lejos de poderse considerar como palabra. El más alto de estos monos es de tres pies y medio, son panzones y tienen los pies en sentido contrario a los de los hombres. Huyen de la gente, y corren tanto que con dificultad un jinete puede darles alcance. Se alimentan de frutas silvestres y de ceniza vegetal. Son muy amorosos con sus hijuelos y los cuidan en extremo. Tantas son las consejas que se refieren de los *cicimites*, que dudábamos de su existencia; pero últimamente se nos ha asegurado que de cuando en cuando se ve una pareja en nuestras montañas, aunque la especie tiende a desaparecer.

Ciertos lienzos. – Lo mismo que *mi alférez*, cuando la persona a quien se alude no está presente. (Véase Alférez).

Cigarro. – Cigarrillo; el que se hace de tabaco picado y *curado*, envuelto en *tusa* o en papel.

Cigua. – De nuestras creencias populares está desapareciendo ya la de la *cigua*, ser fantástico, que en su caso es lo mismo que *la vieja, la sucia*. (Véase estas palabras). Nuestro vocablo es el mejicano *cihuatl*, mujer.

Ciguata. – Palabra con la que aún se designa a la mujer en algunos pueblos indígenas; sobre el origen de este término, véase el anterior.

Cigüeña. – Organillo mecánico que se toca por medio de un manubrio.

Cihuapate. – (Ericoma floribunda). *Cihuapatli*, azteca. – Arbusto aromático que crece en las márgenes de los ríos, en los climas cálidos, de la familia de las umbelíferas, de hojas alternas, vellosas y pecioladas, las que se aplican en fricciones contra los dolores reumáticos.

El autor de la *Flora Medicinal de Honduras*, dice:

"*Siguapate*. – Trae su etimología de dos voces indígenas (aztecas); *siguat* (cihuatl), mujer, y *pate* (*patli*), remedio; y en efecto, el cocimiento de la hoja como bebida, alivia la menstruación penosa y facilita el parto".

Cilindro. – Nombre que dan todavía algunas personas al revólver.

Cimbor. – Cimborio o cimborrio.

Cimbrar. – Poner cimbra.

Cinaque. – Ejote.

Cinchazo. – Golpe que se da de pleno con la espada, daga, etcétera; cintarazo. Parece que en España se dan o se daban *cinchazos* (golpes con cincha):

"No tengo a manos la *cincha*
De un rocín que nadie monte
Ya, por inútil y viejo
Para derrengarte a azotes".
(Núñez de Arce. – El Haz de leña).

Cintillo. – Cinta agosta con que las mujeres se atan el pelo por sobre la cabeza.

Cipe. – *Tzipitl*, azteca. – Se dice que el niño esta *cipe* cuando contrae no sabemos qué enfermedad a consecuencia de haber mamado la leche de la madre o nodriza que estaba en cinta. El inca Garcilaso afirma que las quechuas conocieron la enfermedad de la *cipencia*, según se ve en lo que trascribimos a continuación:

"Mientras criaban se abstenían del coito, porque decían que era malo para la leche y encanijaba la criatura. A los tales encanijados llamaban *Ayusca*; es participio de pretérito, quiere decir en toda su significación, el negado, y más propiamente el trocado por otro de sus padres... Una *pulla* de la sangre real conocí, que por necesidad dio a criar una hija suya; la ama debió de hacer traición, o se empeñó, que la niña se encanijó y se puso como ética, que no tenía sino los huesos y pellejo".

Cipe se aplica también a las tortillas y tamales que se hacen de maíz *comagua*.

Cipote. – Muchacho pequeño.

Claraboya. – Las aberturas que se dejan en las trincheras o se hacen en los muros para disparar por ellas las armas de fuego.

Claro. – Espacio corto en que se suspende el agua en tiempo lluvioso y hay alguna claridad; clara.

Clavársela. – *Clavársela o ponérsela* expresan un mismo juicio. ¿Pero qué sustituye ese enclítico? Nada menos que *a montera, reata, juma, mica, bomba, jáquima*, palabras todas estas sinónimas de borrachera o mona.

Clavo. – Parte de una veta muy rica en metales. Nada de particular ofrece la anchura del *clavo*, pero la profundidad sí, porque a medida que se avanza en ella va siendo mejor la ley del metal.

Cobarde. – De algún tiempo a esta parte damos este calificativo a la tierra de poca sustancia o jugo.

Cobrar. – Exigir el pago de lo que se debe.

Coctel. – Cierta bebida alcohólica. Es término del inglés.

Cocheche o cochón. – Afeminado.

Coger. – Apropiarse una cosa ajena.

Coger a uno de ojo de gallo. – Tener entre ojos, o sobre ojo, a uno.

Coger gente. – Cuando no se había reglamentado el servicio militar obligatorio, salían comisiones de soldados a los barrios y aldeas a *coger gente*, es decir, a tomar a cualquier hijo de vecino y traerlo para el servicio de las armas. Nuestro *coger gente* es el *hacer gente* del Diccionario.

Cojollo. – Cogollo.

Cola de alacrán. – Borraja común. El porte es como de media vara, consta de un tallo cilíndrico, grueso, carnoso y suculento; las hojas radicales y nacidas del tallo, son pecioladas, ovales, aguzadas en los extremos, largas, erizadas, ásperas y cubiertas de un vello punzante; las flores, de un azul celeste, están colocadas a la extremidad de las ramificaciones, reunidas en largas espigas, y cada florecilla encierra en su cáliz cuatro semillas trianguladas. El cocimiento de las hojas es sudorífico.

Cola de pato. – En el violín, pieza de madera en donde se aseguran las cuerdas por un cabo, y por otro se ponen en las clavijas.

Colada. – *Caer una persona en la colada* es descubrirle sus malas acciones o actos censurables, cogerlo en una *maturranga*; o incluir a una persona entre otras que sufren algún mal o están amenazadas de él.

Colateral. – Nicho de madera, menos en la parte anterior, que es de cristales, en que se coloca una imagen.

Colear. – Este verbo tiene en Honduras la acepción que dice la Academia le dan en Venezuela; tirar, corriendo a pie o a caballo, de la cola de una res para derribarla. – Refiriéndose a la edad de una persona, frisar, acercarse. *Ya fulano COLEA los cincuenta.*

Colerín. – Nombre que se da a la enfermedad que el Diccionario llama colerina.

Coleta. – Tela de cáñamo, de que hacen las señoras trajes para montar. Vale lo mismo en Colombia.

Colmenear. – Buscar colmenas, porque entre nosotros a los panales de las abejas se les dice colmenas.

En *colmena* por panal se toma el continente por el contenido.

En la *Historia Natural y General de las Indias*, por Oviedo, se lee:

"Hay en aquella isla de Cozumel (alias Santa Cruz) muchas *colmenas*, como las de Castilla, pero menores, é mucha miel é cera".

Esta misma acepción da a *colmena* Cervantes en *Don Quijote*.

Colmenero, ra. – Estrellero: dícese de la bestia caballar o mular que tiene el resabio de ir levantando la cabeza cuando anda. Para evitar esto se le pone una correa que, partiendo de la muserola del freno, se enlaza a la cincha, a la cual correa llama el Diccionario *gamarra*. – El que busca *colmenas*.

Colocho. – Rizo. – Viruta.

Coloncontrón. – Movimiento violento y brusco de una cosa cuando, impelida en cierta dirección, topa con desigualdades en el terreno. – Encontrón.

Coloniaje. – El periodo de la dominación española en América. *En la época del COLONIAJE o de la colonia.*

Coloradilla. – Garrapata pequeña y de color rojo.

Comadrona. – En lugar de comadre, matrona o partera, decimos algunas veces *comadrona*.

El notable escritor argentino don Esteban Echeverría, emplea nuestro término:

"Y esta ráfaga también de espíritu nacional, me mueve a ocurrir a la *comadrona* intelectual, a la prensa, para que me ayude a parir, si es posible sin el auxilio del fórceps, este más que discurso apologético".

(Apología del Matambre).

Comalear. – Limpiar la *cepa* de plátanos.
Comer. – El que leyendo o escribiendo omite letras, palabras o renglones se *come* lo que dejó de pronunciar o escribir.
Comerse uno las uñas. – Estar muy pobre.
Concuño. – Vulgarmente lo mismo que concuñado.
Confisgado, da. – Bribón, pícaro. *Ya verás CONFISGADO lo que te sucede*. Esta palabra ha de ser corrupción de *confiscado* aludiendo a la gravedad del delito que se castigaba en otros tiempos con la pena de confiscación.
Congo. – Pez más grande que la sardina, rayado transversalmente de negro, de la especie de los acantopterigios.
Conmuta. – Por conmutación encontramos en documentos oficiales y en cuerpos de leyes nacionales y extranjeras.
Consumible. – Lo que puede consumirse o ser consumido.
Contestar. – Impugnar, contradecir.
Contrabandear. – Dedicarse al contrabando.
Contramatarse. – Darse un fuerte golpe en el suelo o en un objeto.
Contumerioso, sa. – Se aplica a las personas a quienes se les ofrecen varias cosas y no quieren aceptar ninguna; caprichoso, tenaz.
Coñón, na. – Collón: cobarde.
Copalchí. – (Croton eleuteria). Árbol de tronco cilíndrico, leñoso y cubierto de una corteza parda, cenicienta obscura, con chapas de líquenes enteramente blancas. Las hojas son alternas, pecioladas, como de un palmo de largo y de cinco a seis pulgadas de ancho,

óvalo-cordadas, puntiagudas, ondulosas en los bordes y sin recortadura ninguna. La cáscara de este árbol es tónica y de un uso popular contra las calenturas comunes.

Copalillo o limpiadientes. – (Himenas coubaril). Es el árbol que produce la resina olorosa del mismo nombre, la cual se asegura que puede sustituirse y aun aventajar al alcanfor en muchos casos y en todas sus aplicaciones.

Copante. – *Quauhpantli*, azteca. – Serie de piedras que se ponen en los ríos y arroyos para pasar de una banda a la otra sin mojarse. La traducción de la palabra mejicana es *puente de madera*; y en efecto, a veces un palo atravesado sirve de copante.

Coral. – Coralillo: ofidio venenoso que alcanza dos metros de longitud, de color rojo, con manchas negras, amarillas o blancas en forma de anillos transversales. Su mordedura casi siempre es mortal.

Cordoncillo. – Arbusto de tallos delgados y nudosos; la hoja es un poco ancha; los frutos tienen la figura de un cordoncillo, son algo picantes y aromáticos. La raíz tiene propiedades medicinales contra las calenturas.

Corneto, ta. – Patizambo: que tiene las piernas torcidas para afuera.

Coronelato. – Coronelía.

Coroza. – (Coccus crispatus). Palma de una forma especial. Es más grande que el *coyol*, y las almendras, que se llaman *corozos*, no son como las de este esféricas, sino oblongas.

Corretaje. – El canon que en los mismos frutos de la cosecha paga el arrendatario de un fundo rústico al dueño del fundo. – Nombre que se da a estos contratos de arrendamiento. *Di el terreno cual a CORRETAJE.*

Corretear. – Perseguir, hostigar, acosar. – Andar por los mercados y de casa en casa vendiendo mercaderías extranjeras.

Corroncha, corronchudo. – Valen, respectivamente, concha, conchudo.

Cosijo, cosijoso. – Cojijo, cojijoso.

Coso. – Toril: lugar donde se enjaulan los toros antes de lidiarlos.

Cospe. – Pago o regalo inesperados.

Costalada. – Gran cantidad de cosas contenidas en un costal. *COSTALADA de dinero, COSTALADA de maíz.*

Costurar. – Verbo vulgar derivado de costura; significa lo mismo que coser.

Cota. – Pedazo de cera negra con la forma de tortita. *Los muchachos juegan a las COTAS.*

Cotonear. – Complacer a una persona, ser condescendiente con ella, por interés.

Cotorrón, na. – Se dice del hombre o mujer que ha llegado a la vejez sin contraer matrimonio.

Coyol. – (Bactris vinífera). *Quauhcotolli*, azteca. Es palma de mediana estatura, cuyo tronco es inaccesible a los cuadrúpedos, por estar armado de espinas largas, fuertes y agudísimas. Produce una fruta que lleva el mismo nombre. Del árbol se extrae un vino muy agradable.

Coyotes de la misma loma. – Lobos de la misma camada.

Coyunda. – Cosa endurecida, como la soga de cuero crudo o *pialera*. (Véase esta palabra).

Crespillo o cabello de ángel. – (Clematis americana). Planta bejucosa que se cría regularmente en las cercas y echa unas panojas de flores en forma de cabellos blancos. La hoja es un vejigatorio muy activo.

Crinolina. – Según el autor de *El Curioso Parlante*, *crinolina* y mariñaque son un mismo mueble. Esta palabra es de origen francés.

Crique. – (Creek, en inglés). Riachuelo, quebrada.

Cruz de mayo. – Probablemente la constelación llamada la Cruz del Sud.

Cuache. – *Coatl* o *couatl*, azteca. – Gemelo.

Cuadra. – Comenzó por significar el frente o lado de una manzana; ya hoy se usa como medida lineal de cien varas, que son las mismas que tiene una manzana por cada uno de sus cuatro lados.

Cuajilote o guajilote. – *Quauhxilot*, azteca. – Árbol de regular tamaño y de tronco espinoso, que produce una fruta comestible semejante a la espiga de maíz tierno.

Cuajiniquil, guajiniquil o quijiniquil. – Árbol que habita en las orillas de los ríos y arroyos, de la familia de las leguminosas. Los hay de dos clases: una de tronco y ramas muy espinosas, que echa unas vainas como de seis pulgadas de largo, de color verde, torcidas y más grandes que el dedo mayor, dentro de las cuales se hallan varias almendritas cubiertas de cierta materia rojiza; y otra, que produce unas vainas más delgadas que las anteriores, de color carmelita, siendo blanca la materia que cubre las semillas. Estas frutas son silvestres y muy apetecidas de los muchachos. El nombre *cuajiniquiles* de origen azteca, y con propiedad se aplica a la primera clase de árboles descrita. (Mimosa inga).

Cuando. – En las populares *pastorelas* del padre Reyes hay unas estrofas que cantan en coro *batos y pastoras* al mismo tiempo que bailan, que por comenzar y concluir el primer vaso con la palabra *cuando*, llevan este nombre. Estas estrofas sirven de estribillo a unas décimas satíricas que recita cada personaje y que concluyen con la misma palabra obligada *cuando*.

He aquí una muestra:

Estribillo.

"¿*Cuándo* llegará este *cuando*
Que mi corazón desea,
De que en el portal me vea
Por siempre al niño adorando?

Absalón. – El arcángel que anunció
De Jesús el nacimiento,
Al ver este gran portento
A la mujer no llamó.
¿Y por qué? Porque previó
Que saldría murmurando
De la virgen, y contando
De José alguna mengua,
Pues tiene tamaña lengua.
¿Y podría negarse? ¿*Cuándo*...?

Zefalia. – No se llamó a la mujer
A ver este sol naciente,
Porque ella espontáneamente
A verlo debió correr,
Al varón fue menester
Traerlo a mecate *jalando*,

43

Porque solo está pensando
En mandar y en dignidades,
En beber y otras maldades.
¿Y podrá negarse? ¿Cuándo...?"

(Pastorela de Olimpia).

Cuapinol, guapinol o copinol. – (Himena verrucosa). *Quauhpinolli*, azteca. – Árbol frondoso y elevado de los climas cálidos; sus frutos son unas vainas que contienen unas semillas sumamente duras, cubiertas de un polvo mucilaginoso parecido al *pinol*.

Cuartelazo. – Recordamos que a fines del año de 1890, este fue el nombre que en una hoja periodística dio el doctor R. Fontecha a la *rebelión* del comandante de Armas del departamento de Tegucigalpa, general don Longino Sánchez. El objeto del *cuartelazo* fue a desconocer la autoridad del entonces presidente de la República, general don Luis Bográn.

Cuartillo. – Entre los comestibles de las pulperías y de otros puestos de venta semejantes, se contaban los *cuartillos*, que así se llamaban unas rosquillas de cuajada con una tableta de conserva de leche, que se vendían siempre juntas, al precio de un cuartillo, o sean tres centavos y un octavo de nuestra moneda de cobre.

Cuasquesa. – Tortilla de masa de maíz revuelta con queso.

Cuávano. – Cedro ordinario.

Cuca o curruncha. – La parte del cuerpo de un niñito que indica que este pertenece al sexo masculino.

Cucamba. – Vale cobarde.

Cucarachero. – Pajarillo de color oscuro, de la familia de los conirrostros.

Cuculistearse. – *Cocoliztli*, azteca. – Enmohecerse una cosa, o *nacerse*, como también decimos.

Cuculla. – Cuca. – Palomita.

Cucumbé. – Nombre de un juego de muchachos, que comienza con esta palabra repetida.

Cucurico. – Cierta abeja negra, que fabrica una miel muy agradable, pero purgante.

Cucuveca. – Corcova.

Cuchara. – Llana de albañil. – Gesto que precede al llanto verdadero o fingido. – *Hacer CUCHARAS*.

Cucharear. – Cucharetear.

Cuche. – Uno de los tantos nombres que tiene el cerdo. – Interjección que se emplea para ojear los cerdos.

Cuchilla. – La añadidura, ordinariamente triangular, que se echa a los vestidos para hacerlos más anchos; y el área pequeña de terreno que tiene aquella forma. *Túnico de CUCHILLAS*. Este año no sembré la CUCHILLITA de terreno que tengo del otro lado del río.

Cuchubal. – La unión de dos o más personas entre sí para algún fin. Se toma en mala parte.

Cuchumbo. – Juego de dados.

Cuentacacao o cacao. – Araña muy común en las casas, que cuando pasar por el cuerpo de una persona dormida marca su tránsito con un sarpullido.

Cuenterete. – Aserción falsa.

Cuento. – Cualquier cosa cuyo nombre se ignora o no quiere decirse.

Cueras. – Polainas burdas. (Véase Sobrebotas).

Cuero, cuerazo. – Designa la primera de estas palabras el castigo que se aplica a los muchachos con látigos, azotes o con cualquiera otra disciplina semejante. *Cuerazo* es el golpe dado con el látigo, *chilillo*, etc. A los *cuerazos* se les dice también *tútanos* y *chinchorrazos*.

Cugul. – Tinaja de hierro.

Cuilea. – Penco.

Cuije. – *Cuixin*, azteca. – Pícaro, bribón, canalla. *¿Qué dice Ud. de la propuesta de este CUIJE?*

Cuinque. – Llámase así al *chanchito* predilecto de una familia.

Cuisquear. – *Tutumustear*: sacudir el polvo a una persona.

Cuja. – En algunos lugares vale cubierta.

Cujinillos. – Como de nuestro proyectado ferrocarril interoceánico apenas hay construidas unas pocas millas, y como por otra parte las diferentes tentativas que se han hecho para unir nuestras poblaciones por vías férreas han quedado en nada, tenemos aún que viajar en el interior del Estado, del mismo modo que lo hacían nuestros antepasados, a lomo de mula y con nuestros inseparables *cujinillos*. Dice la Academia que *cantina* son dos cajones pequeños con sus correspondientes tapas y cerraduras, asidos por la cabeza con dos correas anchas; regularmente son de tablas delgadas o de hoja de lata, cubiertos de cuero, y tienen sus divisiones para llevar en los viajes las provisiones diarias sin que se mojen. Si al mueble descrito le quitamos las tablas o la hoja de lata, y si el cuero lo cambiamos por suela, tendremos nuestros *cujinillos*. Esta palabra puede ser derivada de *cuja*, bolsa de cuero.

Culantrón. – Culantro silvestre.

Culebra. – Azotaina que antes de ahora daban los presos de la cárcel a los que entraban y no pagaban el impuesto establecido por aquellos. – Trasto de forma cilíndrica en que se cuela la yuca de que se hace el casabe.

Culeca. – Palabra corrupta: clueca. Por sabido se calla que el verbo que se deriva de aquel nombre no es enclocarse sino *enculecarse*.

Culillo o culitre. – Niño flaco.

Culobasate. – Plátano martajado, cocido con panela.

Culuco. – La rana en el estado en que tiene cola y no tiene patas.

Cuma. – Machete corto, sin punta, que sirve para desherbar. – Cualquier machete en forma de espadín de los que usan nuestros aldeanos.

Cumba. – *Jícara* grande, de boca ancha. Hay veces que las *cumbas* prestan el oficio de *batidoras*.

Cumbo. – Jícara grande de boca angosta. – Calabazo ceñido o *tecomate*. La forma de este trasto y del anterior nos autoriza a creer que *cumba* y *cumbo* son una alteración de la palabra española combo.

Cumiar. – Apropiarse a escondidas de una cosa ajena.

Cumiche. – El menor de la familia, el consentido.

Cunyay. – Baile de los morenos de la costa Norte, a manera de rigodón. No lo bailan en parejas, sino que se dan las manos formando un círculo, hacen contorsiones y cantan al compás del *tango*.

Cuña. – Avaro.

Cuque. – *Coco*, azteca. – En algunos puntos, muchacho que desempeña el oficio de criado de manos.

Curar. – La *cura* del tabaco es una confección de aguardiente, vainilla, pimienta y no sabemos qué otras sustancias odoríferas; la cual confección se rocía en el tabaco picado para *curarlo*.

Curarse. – Prevenirse contra el veneno de las culebras y otros animales ponzoñosos, tomando la yerba llamada guaco; raíz de *zambo*, etc.

Curcucho, cha. – Jorobado, corcovado, *cuzco*.

Curuma. – Piedra de sal marina que hay en las haciendas y que gusta mucho de lamerla el ganado vacuno, caballar y lanar. Esta piedra es el asiento de los hornos de hacer sal.

Currutaco, ca. – Regordete, aparrado, *zaporro*, *zapaneco*.

Curtiembre o curtimbre. – Lo mismo que curtiduría.

Curunco. – Piedra de grandes dimensiones.

Cusnaca. – Carne salada, frita con *jocotes* o ciruelas maduras.

Cutacha. – Cuchillo largo y recto. Cuando tiene guarnición se llama *guacalona*, y cuando es *corvo cola de gallo*.

Cutarras. – Zapatos, por lo común de *tapeado*, con una pala que llega hasta la caña de la pierna; tienen unas orejas para ajustarlos al empeine por medio de cintas o correhuelas. Recordamos haber leído que los mejicanos usaban un calzado a que los españoles llamaron *gutaras* o *cutaras*.

Cute. – Zopilote: ave rapaz, variedad de buitre. – *Cute* o *cutre* también significa la parte blanca que hay en la madera del ocote, entre la corteza y la corazonada.

Cuto, ta. – Lo mismo que *tunco*. (Véase esta palabra).

Cuyamel. – Pez acantopterigio, muy estimado; vive en los ríos.

Cuyo. – (Mus porcellus). Especie de conejo pequeño; tiene el cuerpo casi cónico, las orejas pequeñas, peludas y puntiagudas, el hocico largo, la dentadura como la del conejo y la cola tan corta que a primera vista no se advierte. Es un animal doméstico y se asegura que la hembra pare cada mes.

Cuyusco. – Pintado, manchado, tratándose especialmente de géneros.

Cuzco, ca. – Jorobado. Creemos que esta palabra es una síncopa de *cuzuco* (armadillo), por la semejanza que hay entre la corcova y la espalda de este cuadrúpedo – Se dice también del color negruzco, desteñido.

Cuzuco. – *Cozocotecuillin,* azteca. – Armadillo: reptil queloniano o cuadrúpedo testáceo. Los hay de tres especies: unos de tres fajas, otros de ocho y otros de nueve.

Cuzusa. – Aguardiente de caña destilado en útiles de barro, y por ende, de contrabando.

CH

Chacalín. – Al cangrejo camarón decían los aztecas *achacalli*; y nosotros, que en nuestro lenguaje tenemos algunas palabras mejicanas, llamamos *chacalín* a los muchachos rubios o a los que, a su causa de haberse asoleado mucho o de estar emberrenchinados, se les pone la cara colorada, por ser este el color que tiene una especie de aquellos crustáceos, que todavía conserva en Honduras su nombre azteca.

Chacha o chachalaca. – (Tinamus robustos). *Chachalaca,* azteca. – Son las *chachas* o *chachalacas* unas gallináceas de color ceniciento, cuyos gritos bulliciosos semejan la algazara de los muchachos. – *Chachalaca* es también una langosta nocturna, de mayor tamaño que el *chapulín*.

Chacho, chachaguato o chachago. – Estas tres palabras son sinónimas y significan gemelo o mellizo. El segundo de los términos trascritos, que es el que más se acerca a su etimología, lo suponemos formado del español chacho y del azteca *coatl*, gemelo, que aparece en nuestra habla convertido en *guato, cuate*.

Chagüite. – Charco, pantano. – Chacra en la Costa Norte. Creemos que el término en que nos ocupamos es el mejicano *zoquitl*, fango.

Chamarro, chamarrear. – Chamarro: manta burda o estropeada. Derivado de esta palara es el verbo *chamarrear* que significa diferir con pretextos la resolución o ejecución de un asunto cualquiera.

Chamberga o champer. – Planta trepadora, propia de los climas cálidos; echa una fruta que tiene la forma de un corazón y que los muchachos gustan de comérsela asada.

Chambón, na. – El que hace las cosas tosca y groseramente; chapucero.

Chamogar. – Corruptela de chamorrar. Hacer una cosa de prisa y un poco mal.

Champa. – Tienda de palmas para defenderse del agua.

Chamuchina. – Reunión de gente menuda o de muchachos. Este vocablo, con la acepción que aquí le damos, no es desconocido en el Uruguay. Según el señor Ceballos, *chamuchina* es de origen quechua.

Chana. – Combinación casual en la distribución de las cartas de naipe, que asegura la ganancia a su poseedor.

Chancaca. – *Chiancaca*, azteca. Torta de harina de trigo o de maíz y miel.

Chancletudo, da. – Término despreciativo con que la plebe designa a las personas que usan zapatos.

Chanco, ca. – Cacarañado.

Chancomer. – Gastar, corroer, roer. Por lo general, solo se usa este verbo en su participio pasivo.

Chancha o albur. – Metales que se hurtan los *güirises*. – Cerda.

Chancho, cha. – Nombre que vulgarmente damos al cerdo.

Ignoramos si el *chancho* de los siguientes versos del poeta chileno Fernández de Ortelano sea nuestro cerdo:

"Siempre con este emplasto
Mezclarás grasa,
Sin sal, o bien de *chancho*
O bien de vaca".

Chane. – *Chane*, azteca. – Persona que por conocer bien los caminos sirve de práctico o de guía. Equivale a lo que en otras partes de la América española nombran *baquiano*.

Chanfaina. – Enredo, baturrillo.

Changoneta. – Corrupción de chanzoneta; chanza.

Changüira. – Cobarde.

Chapa. – Cerradura, probablemente porque lo primero que de ella se ve es la lámina de metal, que es lo que en español se llama con propiedad *chapa*.

Chapadonga. – División desordenada de varias personas juntas.

Chaparrazo. – Lo mismo que chaparrón: lluvia recia de corta duración.

Chaparro u hoja chigua. – Planta bejucosa, de hojas tan ásperas que prestan los servicios de lija. – Árbol semejante al encino o roble.

Chapetón, na. – Así les decían los criollos a los españoles esparcidos en América. Se asegura que es palabra haitiana.

Chapín. – El natural de la República de Guatemala. – El patojo por consecuencia de las niguas que ha tenido o tiene.

Chapulín. – (Género *Locusta* y *Acridium* de Geollroy). *Chapulín*, azteca. – Langosta: insecto que en grandes bandadas ataca y destruye las sementeras.

Chaquira. – Significa por lo común llaga.

Charchada. – Melindre, monada.

Charchuela. – Persona insignificante, un cualquiera.

Charolas, charoludo. – *Charolas*: ojos grandes y feos; y la persona que tiene así los ojos es *charoluda*.

Charra. – Sombrero común, sombrero ancho de falda y bajo de copa.

Charrango. – Corrupción de charanga: jaleo.

Charratela. – Charretera.

Chascada. – Añadidura que el vendedor da graciosamente al comprador, ya sea de la misma especie comprada o de cualquiera otra.

Chasquearse. – Engañarse.

Chayote. – *Chayotli*, azteca. – Persona cobarde. – *Pataste* (Véase esta palabra).

Che. – Interjección que empleamos para desechar una cosa, o para impedir que una persona lleve a cabo lo que se propone. El doctor Emilio Daireaux, en su interesante libro titulado *Vida y costumbres en el Plata*, explica el origen de esta palabra.

Checo, cheje o checheque. – Pájaro carpintero. La segunda de estas palabras significa también eslabón.

Chele. – Rubio, albino. – Ojo de venado.

Chepe. – Cualquier libro de consulta o de estudio cotidiano. – Diminutivo familiar de José.

Chercha. – Charla de la gente del pueblo.

Chián. – *Chía*, azteca. – Nombre que se da a la chía.

Chiberro. – (Cucurbita citrullus pasteca). Nombre de una planta rastrera, de la misma familia de la *ayotera*. De la fruta, a la que la Academia llama cidracayote, se hace el sabroso dulce conocido con el nombre de cabello de ángel.

Chibanco. – Corto, *chingo*.

Chibola. – Cuerpo pequeño, esférico. – Tumor que tiene esa forma.

Chicagüe. – Lo mismo que *camagua*.

Chico. – Níspero americano. – Diminutivo familiar de Francisco. – *Chico*, por nuestro níspero, proviene de la palabra mejicana *xicotzapotl*. (Sapota achras).

Chicharra. – Instrumento de carrizo o de madera, que suenan en las fiestas de los nacimientos o de la pascua de Navidad. Consta la de carrizo de un cañuto al cual se le raja una parte, la que se hace sonar por medio de una rueda dentada de calabozo que, fija en un eje de madera prolongado en uno de sus extremos para que sirva también de manguillo, se introduce en dos agujeros hechos en el mismo cañuto. Dando un movimiento de rotación a la *chicharra* tomada del manguillo, produce un sonido no muy agradable. – Otra acepción de *chicharra* es pellejo seco de cerco, frito en manteca.

Chiche. – *Chichitl*, azteca. – Pecho o mama.

Chichicaste. – (Urtica urens). *Tzitzicastli*, azteca. – Ortiga americana, cuyo contacto con la hoja produce gran picazón. El cocimiento de la raíz tomado interiormente aumenta la orina.

Chichigua. – *Chichiua*, azteca. – Nodriza.

Chichilpate. – Bejuco febrífugo. Es palabra de origen mejicano.

Chichimora. – Fruto redondo, aplanado, que contiene adentro una almendrita también aplanada y bastante aceitosa. Ese fruto, que lo produce un arbusto, es un excelente purgante contra la hidropesía.

Chichina. – Excremento humano y de algunos animales. En azteca hay el verbo *chichina*, que se traduce por aspirar olores, de donde se deriva nuestro sustantivo *chichina*; solo que la materia que se designa con este nombre despide olores desagradables.

Chichinguaste. – Planta pequeña, algo aromática, que se cría en los rastrojos. La decocción de la hoja sirve para lavar las heridas y para baños aromáticos contra el reumatismo y enfermedades nerviosas.

Chichipate. – *Chichipatli*, azteca. – Bejuco que se emplea para coger pescado. La raíz es mortífera.

Chichón, na. – Lo que es fácil, lo que no ofrece ninguna dificultad. También tiene esta acepción *chiche*.

Chichote. – Lo mismo que chichón: bulto que se hace en la cabeza por resultas de un golpe.

Chifle. – Vasija pequeña de lata, en que los cazadores guardan la pólvora.

Chifleta. – Las mujeres de cierta clase saben muy bien lo que es *echar y recibir chifletas*. Entre ellas lanzarse *chifletas* es satirizarse. Este vocablo es corrupción de chufleta, que en algunos léxicos vale burla o dicho picante.

Chigüin. – Muchacho pequeño o desmedrado.

Chilamate. – (Hippomane Biglandulosa). Árbol levado de la familia de las euforbiáceas. La leche que produce es muy cáustica. La palabra compuesta de las mejicanas *chilli*, chile, y *amatl*, amate.

Chilate. – Bebida semejante al *atol*; se hace de maíz dorado (medio tostado) o sancochado. En azteca *chilatl* significa agua de chile, y *chilatolli*, atole con chile.

Chilemotate. – La flor de la *piñuela*. Es verdura muy apreciable y se hace también con ella una salsa. Es palabra de origen mejicano.

Chilillo. – Látigo, azote pequeño.

Chilincoco. – Insecto de color rojo, muy bravo, cuya picadura dicen que es venenosa. Con este animal comparamos las personas que están muy enojadas o encolerizadas. *Juan está como un CHILINCOCO*.

Chilindrón. – (Jatropha multilida). Árbol silvestre, de la familia de las euforbiáceas, de regular tamaño, que produce unas flores amarillas y por frutos unas almendras. Estas últimas dicen que tienen la propiedad de aliviar el dolor de muelas quebrándolas, causa por la que se da también el árbol el nombre de *quiebramuelas*. Suponemos que dicho árbol es el que conocen en Guatemala por *chilca*. – Familiarmente *chilindrón* es lo mismo que *alférez* (Véase esta palabra).

Chilmol o chirmol. – *Chilmolli*, azteca. – Salsa de *chiltepe*, naranja agria, sal y cebolla.

Chilpate. – *Chilpatli*, azteca. – Planta bejucosa, que sirve, como el *pate*, para coger pescados.

Chiltepe. – (Capsicum). Cierta especie de chile o pimiento. Arbusto silvestre, de fruta pequeña y redonda, a la que decían los mejicanos *chiltecpin*. La Academia la llama chiltipiquín.

Chiltota. – *Chiltototl*, azteca. Chorcha de plumas tan amarillas que tiran a rojas.

Chillarse. – Chistar, quejarse, hablar. *Dije a fulano tal cosa y no se CHILLO*. En este caso pudo haberse sustituido *no se chilló* con *no* *hizo ni cuío, no dijo ni embudo*, no dijo esta boca es mía. La misma acepción dan a este verbo en España, pero no lo usan con pronombre:

"Aunque *chille* y alborote
Juan, te doy pleno dominio
Para hacer el escrutinio
Famoso de don Quijote".

(Núñez de Arce. – Justicia providencial).

Chimarse. – Lastimarse, hacerse en la piel un daño de poca importancia. Este verbo se usa también como activo.

Chimbo. – Máquina movida por agua, que sirve para soplar. La usan los mineros en el beneficio de los metales. – En los molinos de trigo, la parte que arroja el agua.

Chimenea. – *Pique* que sirve para comunicar las galerías entre sí. Es término de minería.

Chimicolito. – Revólver.

Chimichaca o chimistoca. – Aguardiente, *guaro*, *cuzusa*.

Chimpinilla. – Espinilla: parte anterior de la canilla de la pierna.

China. – Niñera. Según Alcedo, es casta o mezcla que se produce de india y europeo en la América Meridional, siendo las mujeres por lo común muy blancas y bien parecidas. El inca Garcilaso afirma que *china* en quechua significa doncella o muchacha de servicio.

A juzgar por la siguiente copla, *china* ha tenido la acepción de que habla Alcedo:

Échame ese toro pinto, *chinita*,
Hijo de la vaca *mora*,
Déjame sacarle una suerte
Delante de mi señora.

Chinapopo. – Judía más grande que las ordinarias, que se cultiva en nuestras montañas.

Chinaste. – *Xinachtli*, azteca. Germen prolífico. La palabra mejicana que expresa la idea de nuestro *chinaste* es *xinachyotl* o *xinachotl*.

Chinchibir. – Bebida de jengibre. El señor Gagini dice que este término es corrupción del inglés *ginger beer*.

Chinchilete o quinquilete. – Palabra con la que una persona llama a otras que están presentes, ofreciéndoles la cosa que tiene en las manos, la cual hace suya el primero que llega a cogerla. Solo pueden concurrir al llamamiento los que en el acto de oír *¡chinchilete!* Contestan *¡yo machete!*

Chinchín. – Especie de sonajera de hojalata. Hay una planta que produce un fruto, que cuando está seco sirve de sonajera a los niños, y se le nombra *ayacaste* (Véase esta palabra). – Baile de gente de baja estofa.

Chinchinear. – Acariciar, mimar a una persona.

Chinchintor. – Una clase de tamagás, por otro nombre *gorro colorado*, el que, antes de conocerse las propiedades medicinales del *truc* y de la raíz de *espino blanco*, causaba con su mordedura muchas desgracias a los colectores de zarza en la costa norte de Honduras. Cuando Alcedo escribió su Diccionario había *chinchintores* en Guatemala o sea las víboras que en el reino de Quito se les dice *sierpes colantes (Coluber Taculatrix)*. – Se dice de la persona muy enojada.

Chinear. – Cargar una persona a otra, especialmente a un niño. Es verbo derivado de *china*, niñera.

Chingaste. – El residuo que queda de alguna cosa, como el del maíz que se emplea en el atole; o bien el maíz quebrado que se da a los pollos. Es indudable que *chingaste* tiene el mismo origen que *chinaste*.

Chingo. – Lo mismo que rabón, refiriéndose a animales; y si se trata de los vestidos de las mujeres, vale corto. (Véase Rabón).

Chinguear. – Hacer burla. La palabra española es *chunguearse*.

Chipote. – Pena que en ciertos juegos de muchachos se le aplica al que pierde. Consiste en un golpe que uno de ellos da con los dedos índice y mayor de la mano, juntos y a lo ancho, en la muñeca del brazo del otro. – Papirote. – Flecha. – Entre los queseros, bolita de leche cuajada, salada y lista para majarse.

Chiquearse. – Columpiarse, contonearse, hacer al andar movimientos con los hombros y caderas, ya para un lado, ya para otro.

Chiqueona. – Cierta flor roja, de cuatro pétalos, parecida a la amapola.

Chiquero. – Corral pequeño, donde se encierra un cerdo para cebarlo.

Chiquigüiste. – Cerca, especie de red de varas para detener el pescado.

Chiquigüite. – **Carrizo**. – Cesto, de forma redonda, tejido con *carrizo*.

Chiquirín. – Crustáceo marino, muy estimado como alimento. – Nombre que se da a un insecto parecido a la cigarra; la palabra es imitativa del canto de dicho animal.

Chiricaya. – Dulce de leche, huevos, canela y nuez moscada.

Chirinco. – Retobo.

Chirinos. – Cangrejito que anda generalmente en la playa del mar.

Chiripazo. – Tiene la misma acepción que chiripa.

Chiripío. – Dinero.

Chirivisco o charamusca. – Cachos de arbustos secos, que recoge la gente menesterosa en las afueras de las poblaciones, y que les sirven de combustible para la cocina. La misma acepción le dan en el Uruguay a *charamuscas*; y con este título ha escrito una obra el literato B. Fernández y Medina. *Charamusca* es la palabra española chamarasca.

Chirpín. – Color pintado.

Chirota. – Así le decimos al marimacho.

Chirrión. – Azote más o menos largo, delgado y flexible, por lo común de cuero, que tiene los mismos oficios del látigo.

Chirulio. – Huevo batido, cocido con recado de maíz, chile, achiote y sal.

Chischís. – Palabra formada por onomatopeya, con que se designa el ruido que causan las gotas de las aguas lluvias al caer de los tejados en el suelo, cuando la lluvia es menuda y continua.

Chispoleta. – Muchacha viva y de poco juicio.

Chistata o chiriondío. – Mal de orina.

Chiva. – Oveja. – Frazada o *manga*, y en general todo cobertor de lana. – Borrachera. – *Cachicha* o berrinche. – Marimacho.

Chivo. – Carnero. – Juego de dados.

Choco, ca. – Se aplica a la persona o animal que carece de un ojo.

Chocoyo. – Los sendos hoyuelos que se hacen en los carrillos de algunas personas cuando se ríen. – Loro.

Cholenco. – Caballo viejo y arruinado.

Cholla. – Vale pereza, flema, cachaza. ¿Será esta palabra, *choya*, corneja, por alusión a la facilidad con que se deja cazar esta ave? Entre nuestros vicios del lenguaje existe el de pronunciar de un mismo modo la *y* y la *ll*.

Chollar. – Se creerá que este verbo es derivado de *cholla*, y no es así porque nada tiene del primitivo. El verbo expresado significa desarrollar, lastimar, rozar.

Chonguenga. – Embriaguez, borrachera.

Chorcha. – (Cassicus Montesuma). – Pájaro notable por la hermosura de su color amarillo, por su canto y por sus colgantes nidos hechos en las ramas de los árboles. En Venezuela le dicen *arrendajo*. – Nigua.

Chorrear, chorrete. – Si para la Academia, chorrear es verbo neutro, para nosotros es transitivo. Las mujeres *chorrean candelas de sebo y de cera*, o lo que es lo mismo, que sujeto el pábilo en una varita derraman sobre él el sebo o cera derretidos hasta que la candela llega a alcanzar el grosor que se necesita. Ya transitivo dicho verbo, ciertas mujeres lo han hecho reflexivo, cuando no pudiendo ir ellas al río, ni teniendo baños en sus casas se *chorrean* con *guacales* de agua, se bañan. El muchacho o viejo que tiene sucia la cara o vestido, está *chorreado*, y últimamente el vestido con chorreaduras tiene *chorretes*.

Choto. – Amarillo rojizo.

Choyo. – Corrupción de chozno.

Chucanada. – Dicho o hecho gracioso, pero impropios del lugar donde se realizan. Si este término no es una corrupción de chuscada o chulada, tiene el mismo origen que estos vocablos.

Chúcaro, ra. – Cerril: ganado vacuno, caballar o mular no domado; y por extensión, la persona inculta.

Chucear. – Hacer heridas con un chuzo.

Chuchiquear. – Rogar a una persona para que acceda a lo que se le pide.

Chucho, cha. – Epíteto vulgar que se da a las personas muy mezquinas o miserables.

Chuchero. – Cazador con perros.

Chuchito. – Árbol espinoso, cuya corteza, riquísima en tanino, se emplea en tenería.

Chueca. – Los zapateros dicen que son *chuecas* las hormas cuando de las dos que componen el par, cada una corresponde a su respectivo pie. Si no hay más que una horma y los zapatos que en ella se hacen, es indiferente ponérselos en el pie derecho o en el izquierdo, la horma se llama *derecha*. En Gracias a esta última horma es a la que le llama chueca.

Chulo, la. – Las usamos en el sentido de bonito, *gracioso*; pero no tan profusamente como las guatemaltecas. Esta acepción que damos a *chulo*, la conceptuamos muy castiza.

"*Chulo*. – En el sentido de *agradable, divertido, gracioso* (compárese con *chusco*, que tiene las mismas acepciones), indudablemente no es de origen árabe, etc."

(Dozy y Engelmann. – Glosaire).

Chula. – Sustantivo, que siempre se usa con el *La*, significa persona disfrazada para asustar a los niños y a la gente sencilla (Véase Cigua, La Sucia y La Vieja).

Chulunco, ca. – Vale corto. – *Naguas CHULUNCAS*.

Chumbomba. – Pez pequeño, casi redondo.

Chunguiar. – Ordeñar de manera que el chorro de leche caiga en la boca de la persona que ordeña.

Chupampa. – Fábrica clandestina de aguardiente.

Chupar. – Fumar tabaco. – Embriagarse con frecuencia.

Chupón. – Envoltorio de trapo con algún ingrediente, que se mete en los conocimientos para que les dé virtud. – El mismo envoltorio con algún medicamento, que humedecido se lleva a la boca de los niños para que la chupen. – Ropa ajada.

¡Chupulún! – Voz imitativa del ruido que produce la caída de una persona en el agua. *Cuando fulano iba pasando en el río, se resbaló del copante y ¡CHUPULÚN! Cayó en el agua.*

Churepa. – Epíteto que se aplica a la boca de labios delgados que se pliegan con facilidad y graciosamente.

Churuco, ca. – *Zonto* de una oreja, refiriéndose a las caballerías. (Véase Zonto).

Churral. – Burrusco.

Churriado. – Ras con ras.
Churrusquearse. – Zurruscarse.

II

HONDUREÑISMOS

HA llegado á Chile la obra titulada *Hondureñismos;* ha sido dada á luz en Tegucigalpa á fines de 1895 por el aventajado escritor hondureño, don Alberto Membreño; dicha obra es un libro compuesto de 122 pájinas, muy bien impresas: va precedida de dos discursos, uno que refiere el *plan y objeto de la obra*, y otro que contiene *ligeras observaciones sobre el habla castellana en América;* ella contiene 1.436 voces ó locuciones usadas en la República de Honduras con un significado especial por sus moradores.

El libro del señor Membreño es una producción notable del ingenio; y es útil no sólo para los hijos de Honduras, sino para todos los que hablan la sonora lengua española.

El señor Membreño nos sorprendió á fines de 1893 con la producción de su notabilísima obra *Elementos de Práctica Forense en Materia Civil.* Allí imperaba el jurisconsulto.

Hoy nos sorprende con una producción literaria, los *Hondureñismos.* Aquí sobresale el literato.

Damos nuestros agradecimientos al galano escritor y al obsecuente amigo Alberto Membreño por la amable visita con que tan hidalgamente nos proteje en nuestro ignorado hogar.

Con la presencia de sus bien meditadas obras, nos enorgullece·

Felices los pueblos que cuentan hombres en cuyos pechos se eleva tan en alto, la bandera de la confraternidad!

Y dichosos los hombres que ven mecida su alma al impulso de tales sentimientos!

Valparaíso: 8 de enero de 1896.

AGUSTÍN BRAVO ZISTERNAS.

(De *El Jornal* de Iquique.)

"De notable ingenio", calificó El Jornal de Iquique, Chile, al libro Hondureñismos.

D

Dado bola. – Dado esférico ligeramente aplanado en los lugares donde tiene los puntos.

Damacuao. – Árbol corpulento, cuya madera se emplea en construcciones o ebanistería. La madera es compacta y de un bello color rosado. Es palabra de origen *mejicano*.

Damajuao. – Árbol de la familia de las malváceas y de corteza textil. Creemos que es palabra de origen *mejicano*.

Dar capote. – En una fiesta, es no sacar a bailar a una mujer. *A la fulana le DIERON CAPOTE*.

Dar carita. – Excitar el despecho de una persona, mostrándole como de gran valor lo que ella menospreciaba.

Dar una pasada. – Vale dar una reprimenda, regañar, *echar un aguaje*. (Véase esta palabra).

Dar una trapeada. – Reprender a uno agriamente, decirle palabras sensiles y enojosas. La Academia no nos da la etimología de *trapiche*. ¿No se derivará esta palabra de trapo? Nótese que la caña de azúcar queda reducida a *bagazo*, algo menos que trapo, después que se le ha exprimido el jugo.

Dar a uno su real de perros, o su real de tripas. – Dar a uno una *fletada*, decirle improperios.

Dar o pegar un jarazo. – Pegar un petardo.

Dar vuelta. – Purificarse la plata y endurecerse. Es término de minería.

De a cinco. – Moneda decimal de plata, con ley de ochocientos treinta y cinco milésimos, que vale cinco centavos.

De a cuatro. – Tostón, medio peso; moneda de plata, con valor de cuatro reales o cincuenta centavos.

De a diez. – Moneda decimal de plata, con la ley de ochocientos treinta y cinco milésimos, que vale diez centavos.

De a dos. – Peseta: moneda de plata, con valor de dos reales o veinticinco centavos.

De adentro. – Por lo general, nuestra servidumbre consta de dos clases de criadas: las unas, que tienen a su cargo lo relativo a la cocina; y las otras, el arreglo de las camas, limpiaduras de los muebles, etcétera. Estas últimas son las criadas *de adentro*.

Deber un cuajo. – No haber sufrido el condigno castigo por la comisión de un delito.

De cuerito a cuerito. – Hace poco tiempo que las obras que servían de texto en las escuelas era obligatorio para los alumnos aprenderlas de memoria. Cuando esto se verificaba, con gran contentamiento de padres de familia y maestros, se decía que el niño sabía el Catecismo, etcétera, *de cuerito a cuerito*, es decir, todo y bien. La referida expresión se formó teniendo a la vista que los libros de antes estaban cubiertos con pergamino; de modo que materializando nuestra frase adverbial, aplicada a las obras del tiempo viejo, *de cuerito* significa desde el principio, y *a cuerito*, hasta el fin del libro.

De golilla. – Servir sin remuneración alguna.

De guagua. – Expresión adverbial que se traduce por de balde. – *¡Quiere Pedro que le haga el trabajo DE GUAGUA!*

De pie. – Agua de pie, dice el Diccionario que es la que naturalmente brota de la tierra, agua viva, que mama de la fuente perenne; de aquí que aquel complemento, que traducimos por *constantemente*, *sin interrupción*, tenga la fuerza de modo adverbial. La frase adverbial de que hablamos se usa también en Méjico.

"Las personas que en los mesones, posadas o casas de huéspedes vivan de *pie*, y no como pasajeros, se sujetarán a lo prevenido en la fracción III del artículo que precede".

(Art. 355 del Código Penal del Distrito Federal y Territorio de la Baja California).

De rumbo y cumbo. – Se dice de la persona que siempre está dispuesto a todo; tanto a bailar como a rezar o dar un pésame.

De viaje. – Aunque esta locución adverbial no se registra en el Léxico de la Academia, no creemos que el uso que de ella se hace merezca censura. Viaje, según el Diccionario, significa acometimiento, golpe asestado con arma blanca; de esta acepción pudo haberse formado nuestra frase, que vale de *golpe*, *en el instante, en el mismo momento. Le dieron un balazo a fulano de tal, y DE VIAJE (o DE AL VIAJE) murió.*

De vicio. – De sobra.

Decorar. – Bien pueden nuestros distinguidos amigos los señores doctor Francisco A. Berra y José H. Figueira demostrarnos en sus obras que el método de lectura llamado sintético, que es el que hemos adoptado *ab initio*, es ilógico e irracional. Nada: nosotros nos hacemos oídos de mercader. Risa causaría a nuestros maestros que se les dijera que pusieran en práctica el método de lectura analítico-sintético. La enseñanza de la lectura por nuestro tradicional método comienza por hacer que el niño conozca las letras, conseguido lo cual viene el deletreo, que es lo más gracioso. Sea la palabra *canto* la que se va a deletrear: la operación consiste en hacer que el niño diga y aprenda a decir: *ceaenecan, teoto*. De lo que acabamos de escribir debería resultar *ceaenecan-teoto*; pero no es así, sino que resulta *canto*. Cuando ya el alumno ha aprendido a deletrear, se le pone a *decorar*, esto es a leer enteras las palabras. [*]

Igual acepción le dan a este verbo en otros puntos de América.

"Para las primeras lecciones de leer podrá adoptarse el método económico de entrar *decorando* desde luego que el niño conozca bien los caracteres, pues la experiencia ha enseñado que ahorra el tiempo que se emplea en deletrear".

(Semanario de la Nueva Granada)

De lo expuesto se viene en conocimiento que *decorar* es pronuncia las palabras simplemente, sin la inflexión de voz y pausas con que lo hace el que ya sabe leer. A esta acepción se acerca la que le da Cervantes al término que estudiamos, en el lugar que sigue, que no pudo explicar Clemencia.

"Entonces se *decoraban* los concetos amorosos del alma simple y sencillamente del mismo modo y manera que ella les concebía, sin buscar artificioso rodeo de palabras para encarecerlos".

(Don Quijote. – Parte 1ª. – Capítulo XI).

Defensivos. – Parches que se colocan en las sienes como medicamento contra ciertas enfermedades de la cabeza.

---

[*] Después de escritas estas líneas hemos sabido que la **Academia de Maestros** ha acordado que para la enseñanza de la lectura se emplee el método analítico sintético.

Deponer. – Vomitar: arrojar violentamente por la boca lo contenido en el estómago.

Derecho, cha. – Dichoso: aplicase a la persona a quien le va bien en todo aquello en que pone mano.

Derechoso, sa. – Se dice del copropietario de una cosa.

Derrumbarse. – Caerse una cosa, como una casa, una tapia, sin que intervenga la mano del hombre. Sabemos dar esta acepción a *desbarrancarse*. *Derrumbo,* es la acción o efecto de *derrumbarse*.

Desaparecido. – Ausente.

El juez concederá la posesión definitiva en lugar de la *provisoria* (provisional), si cumplidos dos años el día presuntivo de la muerte, se probare que han trascurrido setenta desde el nacimiento del *desaparecido*.

(Art. 90 del Código Civil de Honduras)

Desarrajar. – Corrupción de descerrajar.

Desarrapado, da. – Persona audaz, arrojada y libre.

Desbalagar. – Malbaratar, gastar o emplear mal los bienes. En el departamento de Gracias, saltear.

Desbarrancarse. – Despeñarse, *desborrondingarse*: arrojarse de un precipicio o de un sitio alto. (Véase Derrumbarse).

Descabuyarse. – Desde que hubo uno, que no sabemos si fue el señor Cuervo, que criticó la sustitución de descabullirse por *descabuyarse*, todos han seguido repitiendo la crítica; nosotros, aunque lejos en achaques lingüísticos, nos concretamos a observar que Oviedo, hablando del asesinato que Villafuerte intentó consumar en el adelantado Bastidas, dice que el susodicho Villafuerte *se descabuyó*. Si este verbo no es nuestro repudiado *descabuyarse*, no sabemos cuál puede ser.

Descacharrado, da. – Desaseado: se dice de la persona que lleva el vestido o calzado sucios o estropeados. – Tratándose de cosas, nuestro término vale desvencijado.

Descompuesto, ta. – En nuestro peculiar modo de hablar, *estar descompuesto* es estar ebrio o *electrizado*.

Desconchabar. – Se traduce por dislocar. *El albañil se cayó del techo de la casa y todo se DESCONCHABO.*

Descharchar. – Despojar: quitar a una persona del destino que sirve cuando devenga sueldo del presupuesto nacional o municipal. De este mismo se dice también que lo *renunciaron* o que le *sobaron la varita*. (Véase Deschorchar).

Deschorchar. – Antes, que tanto oro circulaba, a las onzas les decían *chorchas*, quizás por tener amarillo igual al de las aves de este nombre. Al que le robaban el dinero en el camino real, lo *deschorchaban*. Las *chorchas* auríferas han escaseado; pero el verbo se conserva y se aplica en su participio pasivo a las personas pobres: a las que no tienen dinero. *Pedro está ahora DESCHORCHADO*. Tal vez *descharchar* sea nuestro *deschorchar* alterado.

Desde ab initio. – Sin dejar de reconocer la justicia de los que censuran que a la locución latina *abinitio*, se le anteponga la preposición *desde*, hacemos presente que los conquistadores fueron los que introdujeron este vicio en América. Encontramos en la *Historia Natural y General de las Indias*, escrita por el capitán Fernández de Oviedo: "De la cual opinión yo me hallo muy desviado, como hombre que fuera de todo lo escripto por Tholomeo, sé que hay en este imperio de las Indias, que Vuestra Césarea Majestad y su corona real de Castilla poseen, tan grandes reinos y provincias y de tan extrañas gentes e diversidades e costumbres y cerimonias e idolatrías, apartadas de cuanto estaba escripto (desde *ab initio* hasta nuestros tiempos, etc.)".

Algunos compatriotas nuestros no dicen siquiera *desde ab initio*, sino *desde sus abinicios*.

Desecho. – No es raro que digan los que frecuentan los caminos que llegan más pronto al lugar a que se dirigen yéndose por el *desecho*; o que por el fango o pantanos que había en tal parte, tuvieron que dejar el camino y coger el *desecho*. Nuestro término, pues, significa atajo, sendero.

Si el *desecho*, común en otras partes de Hispanoamérica, no vino con los conquistadores, los descendientes de estos lo derivarían de *desechar*, en la acepción que le da Oviedo en el pasaje que trascribimos.

"Porque desde el pueblo iba todo el camino ancho hecho de calzada de tierra y piedra hasta el real de Atabaliba, e como sobre los malos pasos iba hecha calzada la habían rompido en aquel paso e con trabajo lo pasaban, *desechándolo* por otra parte". (Historia Natural y General de las Indias. – Tomo IV).

Desembrocar. – Poner boca arriba un vaso, jarro u otro mueble semejante que está boca abajo.

Desgarrar. – Expectorar, esputar.

Desgarranchado o desguarranchado, da. – Lo mismo que Descacharrado.

Desguazar. – Dicho de los vestidos, es romperlos, desgarrarlos. *Fulana corriendo dentro del monte SE DESGUAZO el túnico.*

Deshijar. – Cortar los hijos que no sirven de las *cepas* de bananos.

Deshojar. – *Deshojar* un puñal, cuchillo, etcétera, es sacarlo de la vaina; *deshojar* una navaja es abrirla.

Desilusionarse. – No trae este verbo el Léxico de la Academia; pero sí el Diccionario Francés-Español de don Vicente Salvá y la Gramática de Bello. (Véase Ilusionarse).

Deslomada. – Despropósito, patochada.

Desmostolar. – Desmenuzar.

Desparpajar. – Dispersar.

Desmontes. – *Desechaderos*: piedras estériles o sin suficiente ley que se botan porque no se puede o no conviene beneficiarlas. Es término de minería. – Plantío de jiquilite.

Desmoralizarse. – Este verbo, aplicado a la milicia, no es del todo despreciable, como se supone. Hay una moral militar que enseña los deberes que tienen que cumplir las personas que forman parte del ejército. Cuando no se cumplen esos deberes; como cuando falta la disciplina, etcétera, el ejército se *desmoraliza*.

Los españoles usan también el verbo *desmoralizarse* con la acepción que tiene en Hispanoamérica.

"La infantería encerrada entre el río y el precipicio, acometida por el ímpetu irresistible de los agarenos, *desmoralizada*, loca de terror, abandonadas sus cruces y lábaros, pereció la mayor parte entre las fragosidades del Uacusa o entre las ondas del Yermuk".

(Guillén Robles. – Leyendas Moriscas).

Desocuparse. – Dar a luz en tiempo oportuno la mujer el feto que tenía concebido.

Despecho. – Acción o efecto de despechar, cuando este verbo significa destetar a los niños.

Despendio. – Lo mismo que cachaza en la primera acepción que le da el Diccionario de la Lengua.

Despernancarse. – Palabra corrupta: esparrancarse.

Despizuñarse o despezuñarse. – Muchos de nuestros lectores hondureños habrán oído decir: "*iba fulano que se despizuñaba*", e inmediatamente entienden que se les dice que el fulano a quien se alude iba de prisa, que se *bebía el viento*.

Cuando Capmany escribió su *Teatro de la elocuencia española* indicó que faltaba este verbo en el Diccionario de la Academia.

Desprestigiar. – Este verbo activo, que no merece los honores académicos, significa *quitar el prestigio*, *desautorizar*. Con esta acepción aparece en algunos léxicos.

Destorrentado, da. – Se aplica a la persona, especialmente mujer, que tiene sus muebles desarreglados.

Destrenzar. – Cortar las trenzas del cabello de las mujeres.

Destró. – Valse de Strauss.

Diablo. – En el billar se llama *diablo* el instrumento de madera en que el tahúr apoya el taco con que juega la bola, cuando por quedar ésta muy distante no puede servirse de la mano.

Diablos azules. – Está viendo *diablos* azules el que está en el *delirio tremens*.

Dictaminar. – Dar el dictamen. Este neologismo es muy común, principalmente entre los curiales.

Dicho feo. – Pájaro con un pico semejante al de la golondrina. Persigue a los zopilotes, y con su canto imita el nombre que lleva.

Dios da muelas a quien no tiene quijadas. – Dios da habas a quien no tiene quijadas.

Dios los cría y el diablo los junta. – Dios los cría y ellos se juntan.

Diputado. – En algunos lugares, especialmente en Danlí, llaman *diputado* al plátano o banano.

Disparejo, ja. – Desigual. – Según Cuervo es palabra anticuada.

Doblar. – Refiriéndose a las milpas, quebrar la caña del maíz cuando está maduro, para que la mazorca se seque en la planta.

Doblar los codos. – Morir.

Dolamas. – Así se llaman por acá los achaques o enfermedades habituales de las personas. – "*¿Cómo está la fulana?*" – "*Ay está, siempre con sus DOLAMAS*".

Domingo siete. – Despropósito, disparate, deslomada. A fuero de *filólogos* y como esta obra la escribimos *a conciencia*, hemos de referir el origen que para el pueblo tiene *domingo siete*. Salió una vez un pobre hombre, *cuzco* (jorobado), a traer leña; y cuando estaba muy distante del pueblo oyó murmullo dentro del bosque. Acercóse a este con el objeto de averiguar la causa de lo que excitaba su curiosidad, pero tomando las precauciones necesarias para poder impedir ser visto de los que hablaban. Se detuvo en un lugar conveniente, y con sorpresa vio que los que hablaban eran varios diablos, quienes repetían en altas voces: "*Lunes, martes, miércoles, tres*". Fastidiado nuestro hombre de la repetición de estas palabras, se le antojó echar su cuarto a espadas, y en voz también alta, dijo: "*Jueves, viernes, sábado, seis*", con lo que completó el pensamiento que hacía rato traía preocupados a los diablos. Muy satisfechos estos por la ocurrencia, le quitaron la *cuzca* del autor, quien muy alegre regresó a su casa. Otro hombre del mismo pueblo, sabedor de lo dicho y en el deseo de ser hermoso, resolvió ir a buscar a los diablos para que le dieran esta cualidad, en premio de las habilidades que él les pondría de manifiesto. Al efecto, se dirigió el lugar indicado por el primero; y puesto allí, cuando los espíritus malignos cantaban en coro:

"*Lunes, martes, miércoles, tres*
Jueves, viernes, sábado, seis".

Agregó él: "*Domingo, siete*".

Al oír los diablos esto, no pudieron menos que encolerizarse, lo llevaron a su presencia, y como a autor de semejante *despropósito*, le pusieron la *cuzca* que le habían quitado al primer hombre.

Donde manda capitán no manda marinero. – Donde hay patrón no manda marinero.

Dormida. – El lugar donde pernocta la persona que va de camino.

Draque. – Confección de aguardiente, agua, azúcar, nuez moscada, etcétera.

Droga. – Esta palabra y *porra*, entran en las frases *echar a la droga, echar a la porra*, que significan un poco menos, según los casos, que *echar a pasear*.

Dugo. – Es común oír decir *echar dugos, correr dugos, hacer dugos*. Cuando una persona necesita algo de otra y hay un tercero que ayuda a la primera, *corre un dugo*, o hace buen tercio. *De dugo* significa de balde. *¿Quiere fulano que le haga tal cosa DE DUGO? (O DE PURO DUGO)*. *Dugo* ha de ser una corrupción de dúo.

Dundo, da. – Tonto. Gagini cree, y puede estar en lo cierto, que este adjetivo es una corrupción de *duendo*, manso, que se halla en la *Historia* de Oviedo y en el Diccionario de la Academia.

Dulce. – *Rapadura*, azúcar negro. Se prepara para venderse en *tapas* o *rapaduras* (panes), siendo la forma de cada una de ellas la de un cono o pirámide cuadrangular truncados. Dos *rapaduras* o *tapas* hacen un *atado*.

E

Echado. – La situación de una veta con respecto al plano horizontal: inclinación, *recuesto*. Es término de minería.

Echar aceite a la lámpara. – Echar aceite al fuego.

Echar garra. – Con frecuencia, en vez de agarrar se dice *echar* garra. Este circunloquio es castizo, puesto que, al sentir de la Academia, *echar*, junto con algunos nombres tiene la significación de los verbos que se forman de ellos, y *agarrar* se forma de *garra*.

Echar chiles, o un chilito. – Jugar a los dados, al dominio, etc., aventurado pequeñas cantidades de dinero.

Echar la jáquima. – Pedir prestado a alguno dinero u otras cosas, con la intención de no pagarlas.

Echar la leva. – Hurtar, robar.

Echar las tristes. – Entre las personas de ínfima clase equivale a hacer el amor, *miquelear*, decir.

Echarse. – No aparece en el Diccionario de la Academia la acepción que a *echar* dan otros léxicos, de empezar a tener alguna cosa. Frecuente es entre nosotros decir: *fulano ya se ECHÓ los zapatos*.

Echar traca. – Agarrar.

Echar un conejo. – Ayudar, en la primera acepción que a este verbo da el Diccionario.

Editar. – Nos parece haber visto usado este verbo en algunas publicaciones hondureñas. Significa imprimir y publicar algún libro o escrito. Cuando hablamos de *editar* nos referimos, por supuesto, a las obras extranjeras, porque nosotros no tenemos ni *editores*. Aquí al que escribe algo para el público puede aplicársele aquello de que *él dice la misa y se ayuda a decirla*.

Editorial. – El artículo de fondo de los periódicos.

Efeleoflos. – Así llaman las mujeres a los variados y vistosos adornos que ponen en sus vestidos. En singular, significa este término negocio, asunto íntimo.

El coludo. – Este mal nombre y el de *uñudo* amos al diablo. En la Península no lo tratan mejor.

"... después como removido
por interno terremoto
la casa vínose abajo
y entre mil nubes de polvo,
el muerto, dando alaridos,
desapareció de pronto
conducido por un diablo
rabilargo y uñicorvo".

(Núñez de Arce. – El haz de leña).

Elefantón. – Elefancia, elefantiasis.

El enemigo malo. – El señor Ortúzar, salesiano, en su bien escrito *Diccionario manual de locuciones viciosos*, trae como expresión incorrecta *el enemigo malo*, significando el malo, el diablo. El señor Ortúzar, que es hispanoamericano, sabe que la base de la educación en la América española durante la colonia y muchos años después de la independencia fue la enseñanza de la religión católica, apostólica y romana. Aprendimos a leer en la *Cartilla de San Juan*, en el *Catón* y en el *Catecismo*, del padre Ripalda. Pues bien, en estas obritas, redactadas nos parece que por jesuitas españoles, está el texto de la doctrina cristiana, que comienza: "Todo fiel cristiano, está muy obligado, a tener devoción, de todo corazón, con la Santa Cruz, de Cristo nuestra luz, pues en ella quiso morir, por nos redimir de nuestro pecado y del *enemigo malo*, etc."

Con lo trascrito queda demostrado que no es invención de los americanos llamar al diablo así: si no le dan aquel nombre en España, españoles fueron los que nos enseñaron a decirle *enemigo malo*.

El pronuncio. – La pronunciación.

Elucubración. – Innecesaria dicen que es la *e* que anteponemos a lucubración; pero nos conformamos porque también se la antepuso Mesonero Romanos.

"... Y maravilloso Proteo que, convirtiéndose luego en vehículo de comunicación instantánea, transmite y pregona hasta el último confín de la Península sus admirables descubrimientos. Sus altísimas *elucubraciones*, los sorprendentes resultados de su potencia industrial".

(Tipos y Caracteres)

Monlau dice también elucubración.

Embarrar. – Untar y cubrir alguna cosa con barro u otra materia análoga. Se usa también como reflexivo.

Embelequero, ra. – Por esta palabra sustituimos a embelecedor.

Embolar. – Creemos que es una adulteración del verbo anticuado embeodar. Si así fuere, tenemos ya encontrado el origen de nuestro provincialismo *bolo*, ebrio.

Emborrascarse. – Usan mucho este verbo los mineros. Cada rato oímos decir que las minas se *emborrascan*. En el Diccionario de la Academia hay *aborrascarse*, que significa ponerse en el tiempo borrascoso. Con nuestro verbo expresamos la idea de sufrir el minero pérdidas, por haber bajado la ley del metal que se extrae, por haberse adelgazado la veta o tomado otro rumbo diferente del que se lleva en los trabajos de explotación. La ley ha tenido a bien cachar sobre la mina las pérdidas del minero, aviadores, etc., y por esta causa esta es la que vulgarmente *se emborrasca o está emborrascada*.

Embrisionario, ria. – Término que hemos tomado de las ciencias naturales y que constan en algunos léxicos. Significa concerniente o parecido al embrión.

Embrocar. – Poner un vaso, jarro u otro mueble semejante boca abajo.

Embrochar. – Entre los zapateros, coser el corte de zapatos, ya parado, con la suela interior, o sujetarlo a ella con tachuelas.

Embullismarse. – Así pronunciamos el verbo embolismarse.

Emocionarse. – Estar uno bajo la influencia de una agitación repentina del ánimo. *Emocionar* aparece como verbo activo en el Diccionario de Salvá.

Empacho. – Nuestros galenos se ríen del vulgo cuando habla de la enfermedad llamada *empacho*, pero el Diccionario de la lengua de acuerdo con las creencias populares, dice que el *empacho* es indigestión. El remedio que aplican los curanderos para combatir aquella enfermedad, no sé si con buen o mal resultado, es sobar ciertas partes del cuerpo del *empachado* y darle a beber agua miel.

Empajar. – No nos referimos aquí a este verbo en su sentido recto que, dicho sea de paso, omitió la Academia en su Diccionario, y que vale *cubrir de paja, llenar de paja* algunas cosas, sino a la acepción figurada que le damos en Honduras, cuando lo usamos como pronominal. Las personas que están enojadas dicen a veces: "*en mí no se empaja fulano*" o "*no se monta*", o "*no se encarama*", que todo viene a ser lo mismo; con lo que significan que por más que se enfade, que patee, que grite ese fulano, ella no ha de ceder ni un ápice de sus pretensiones.

Empanzarse. – Verbo vulgar que significa ahitarse.

Empastador. – Si la Academia ha aceptado el verbo empastar, no puede, con razón, censurarse el uso del sustantivo verbal *empastador*, por encuadernador de libros de pasta.

Empatador. – El casquillo de metal que tienen exteriormente algunos *canutos* o mangos de pluma.

Empatársela. – Hacer creer a otro una noticia falsa a sabiendas de que lo es. Esta frase proviene de que en Honduras usamos promiscuamente empatar y meter.

Empautado, da. – Persona que se supone tener pacto con el diablo.

Empedernido, da. – Entelerido.

Emperendengarse. – Ponerse las mujeres perendengues. Este verbo nos parece bien formado.

Emperifollarse. – Adornarse una persona con mucho cuidado. Monlau trae este verbo en su *Diccionario Etimológico*. Se usa también en el Uruguay.

Emplastarse. – Vulgarmente, sentarse.

Emplumar. – Dar una zurriaga a una persona o unos tantos *cuáranos*. – Adquirir medios de vivir el que no los tenía.

Empotrerar. – Encerrar en el *potrero* el ganado vacuno y caballar.

Empurrado, da. – Decimos del que se emberrincha que está *empurrado*, *encachichado*. *Empurrado* ha de ser una corrupción de emperrado, participio pasivo del verbo emperrar.

En dos calazos. – *Hacer una cosa en dos calazos* es hacerla luego, en dos patadas.

En punta. – Cuando los ganaderos efectúan un contrato de compraventa, hay veces que hacen la venta *en punta*, por tantos pesos; con lo que dan a entender que el comprador pagará un mismo precio por cada res, ya sea esta de buena, regular o de una mala calidad. En Colombia, *punta* significa partida, hablando de animales.

Enamorado, da. – Los hombres que tienen afición a las mujeres son *enamorados*.

"La afición a las armas y a las mujeres van siempre juntas; y es de notar que las naciones más belicosas son también las más enamoradas".

(Jovellanos. – Obras completas. – Tomo I).

Encamisada. – En aquellos tiempos en que se solemnizaba con lidia de toros la función de San Miguel, patrono de la ciudad de Tegucigalpa, era costumbre que el último día de la fiesta hubiera *encamisada* por la noche. Consistía la diversión en poner en el lomo de un toro un armatoste de carrizo, con bombas, *cachinflines, escupidores,* etcétera, unidos con hilos de pólvora. Conducido el animal de este modo al coso, se le daba fuego a la punta del hilo, con lo que reventaban las bombas. Se desprendían los *cachinflines*, que buscaban para los pies de los muchachos, y el toro corría con desesperación.

Enclancharse. – *Enclancharse* el sombrero es no más que encasquetárselo. *Enclancharse* cualquier pieza del vestido, como el pantalón, es ponérsela. Este verbo vulgar puede ser uno mismo con *chantar*.

Enchutar. – Corrupción de enchufar: meter una cosa dentro de otra.

Enchute. – Boliche se llama en español el juego de muchachos que conocemos con aquel nombre.

Enfaruscar. – Lo mismo que *engorgonar*. (Véase esta palabra).

Enfermar. – Siempre usamos este verbo como pronominal, aun en trabajos que circulan impresos. Cuervo dice que *enfermarse* se halla usado por Lope.

Enfermoso, sa. – Corruptela vulgar de enfermizo.

Enflautada. – Salir en una conversación con una *enflautada* es salir con una cosa que no sirve, con un disparate, con *un domingo siete*.

Engaratusar. – Esta palabra, que la usamos en el sentido de valerse de embustes para que una persona haga o no haga lo que nosotros queremos, sospechamos que se deriva de *garatuso*.

Garatusa por embustes se halla en la siguiente estrofa del *Romancero-Canción* del doctor Puiblanch:

> "Y ya que a su alma río la inspira
> Virtud creatriz ninguna
> Dado le ha naturaleza
> Ser fecundo en *garatusas*".

En la Academia aparece *garatusa* con la acepción de halago y caricia para ganar la voluntad de alguna persona.

Engarruñarse. – Engurruñarse: estar triste, melancólico y encogido.

Engorgonar. – Sucede a las vegadas que algunas personas pobres por economía, dan en depósito su dinero a otra, quien tiene a bien disponer de él prestando pequeñas partidas a sus amigos o efectuando compras de objetos con la esperanza de venderlos pronto y al mejor precio. Así las cosas, el día menos pensado el depositante se presenta a pedir su dinero al que se lo dio a guardar; y aquí comienzan las vueltas de este para juntarlo y poder hacer la restitución. Al cabo de varios días y de exigencias sin cuento del dueño del *pisto*, tiene que confesarle el depositario la causa por qué no le hace la entrega. Quiera que no, el depositante otorga esperas; y cuando se le ofrece oportunidad de hablar de lo que queda expuesto, dice que su amigo o compadre le ha *engorgonado su pistillo. Engorgonar*, entonces, vale distraer fondos ajenos, sin poderlos restituir en el momento que los necesita el dueño; y aun los propios cuando se aplican a aquellos objetos para los que no se habían reservado.

Enjornar. – Aunque pronunciamos bien el sustantivo horno, en el verbo enhornar aspiramos tanto la *h* que nos resulta *enjornar*. *Plátanos ENJORNADOS*.

Enjaguar. – En todas nuestras constituciones políticas hemos consignado los principios más liberales que hemos visto en las obras de derecho público. En derechos y garantías no nos aventajan los Estados Unidos de Norteamérica, tal vez sí los de Venezuela, en los momentos en que escribimos estos renglones. Pero el lenguaje de nuestros pueblos, si no se quieren estudiar nuestras costumbres, nos recuerda lo que somos: *colonos de la España de hace tres siglos*. Por eso es que, aunque en la Península hace quien sabe cuánto tiempo que al verbo *enjaguar* lo sustituyeron por *enjaguar*, nosotros usamos el primero, que al sentir de Monlau y de Cuervo, es la forma originaria de dicho verbo.

Enmariscarse. – Enamorarse. Aquel verbo ha de ser corrupción de enamoricarse.

Enmontarse. – Cubrirse un campo o sementera de monte o yerba. – Remontarse.

Enraizar. – Por este verbo hemos sustituido a echar raíces. Aquella palabra no es desconocida en España:

"Hay muchos vegetales de hoja caediza, cuyas estacas se plantan al aire libre y *enraízan* más o menos fácilmente".

(Colmeiro. – Manual Completo de Jardinería).

Enredar la pita. – Es simplemente enredar un negocio, enmarañarlo.

Enrejar. – Atar el ternero a una de las manos de la vaca para ordeñarla. La cuerda con que se verifica esta operación se llama *rejo*.

Enrolar. – Incluir, inscribir en el rol. La misma acepción dan algunos léxicos a este verbo. – Incluir a una persona en los negocios (malos se entiende) de otra, o en sus responsabilidades.

Enroscarse. – Sentarse poniendo las piernas en lo posible en forma de rosca.

Enrostrar. – Acriminar, ponerle a una persona de manifiesto sus faltas.

Ensaladas. – Nos cuentan que nuestros antepasados componían unos versos satíricos, a que daban el nombre de *ensalada*, tal vez por lo picantes que eran y por ser la sátira dirigida contra varias personas. Pasó ya el tiempo de las *ensaladas* y de las *bombas*.

En 1804, el poeta Manuel Fernández Hortelano compuso una *Ensalada* poética. Tomamos este dato de la *Historia de la Literatura Colonial de Chile*.

Ensarnarse. – Se traduce por ensarnecerse.

Ensartar. – Nuestro *ensartar* una aguja como que es enhebrarla.

Entapizar. – Empapelar.

Entejar. – Ponemos la primera sílaba demás al verbo *tejar*.

Entelerido, da. – Damos a este adjetivo la acepción de enteco, flaco, enclenque.

Enterito, ta. – Lo mismo que Éntico.

Enteroso, sa. – Así como por enfermizo decimos *enfermoso*, del mismo modo a enterizo lo hemos sustituido por *enteroso*. Aplícase este adjetivo a las cosas mal molidas; lo contrario de *hueste* es *enteroso*. Pinol *ENTEROSO*.

Éntico, ca. – Nombre con que se conoce el tesoro. La costumbre de enterrar dinero o alhajas, y la creencia de que donde hay *entierro* salen muertos es antigua. Shakespeare, en Hamlet, pone en boca de uno de sus personajes, que hablaban a la sombra del rey, lo que trascribimos a continuación:

"O si acaso durante tu vida acumulaste en las entrañas de la tierra mal habidos *tesoros*, por lo que se dice que vosotros, infelices espíritus, después de la muerte vagáis inquietos, declaradlo..."

Entiesar. – Atiesar: ponerse tiesa una cosa.

Entilar. – Tiznar la cara o cualquier parte del cuerpo, o el vestido, con hollín, carbón de ocote, etc.

Entretención. – Aquí en Honduras podríamos decir que por entretención escribimos estas líneas, y muy pocos notarían que usamos este término en vez de *entretenimiento*.

Entrijo. – Síncopa de entresijo; mesenterio.

Enzacatarse. – Llenarse un campo de zacate. – Embrutecerse una persona por su prolongada permanencia en el campo.

Erete. – Colmena de abejas negras que labran su habitación en la tierra o en las paredes.

Escajocote. – Árbol corpulento de madera compacta, que produce una fruta ácida, un poco mayor que una cereza y menor que una ciruela. Es palabra de origen mejicano.

Escala, escalera. – Según la Academia es impropio el uso que hacemos de estos vocablos, llamando *escala* a la escalera y viceversa. Sin embargo, nos parece haber encontrado que algunos escritores españoles en sus obras dicen a la *escalera de manos*, *escalera* a secas, como nosotros.

Esclavina. – Capa corta que usaban nuestros antepasados. Recordamos que un convite en verso para la función de Mercedes, comenzaba así:

"Toda moda es crinolina,
Túnicos, levas calzones;
En la mujer los tacones,
En el varón la *esclavina*".

Escoba amargosa. – Yerba que los botánicos conocen con el nombre de canchalagua.

Escoba babosa. – (Sida americana). Malvácea, cuyas hojas cocidas y molidas se aplican en cataplasma en las inflamaciones.

Escorar. – Probablemente este verbo es formado de *escora* por los marineros conquistadores que se establecieron por acá. El que yendo por la calle una noche de luna no quiere que lo conozca la persona que viene en dirección opuesta, *se escora* parándose en la sombra que proyecta el alero o la esquina de una casa. *Escorarse* significa menos que esconderse.

Escorpión. – Víbora que tiene la forma de lagartija.

Escupidor. – Fuego artificial, que las obras de pirotecnia describen bajo el nombre de *candelas romanas*.

Escupirse el pecho o ajilarse. – Entre los soldados, desertarse.

Ese capulín se heló. – Frase con la que se le quiere decir a una persona que se le aguó algo.

Espelucarse. – Espeluznarse. Cuervo dice que si *especularse* no nos vino de España, parentela muy cerca tuvo allá; lo que comprueba con unos lugares de Lucas Fernández, que inserta en las *Apuntaciones*.

Espetera. – Pretexto.

Espichar. – Tapar con espigas los agujeros de un tonel.

Espinal. – Sitio poblado de *espinos*.

Espingarda. – Mujer muy alta y delgada. No sabemos qué semejanza se ha encontrado entre estas mujeres y la *escopeta de los moros*, que es lo que en español significa aquel término.

Espinilla. – Barro: pequeña pústula que sale en el cuerpo, especialmente en la cara y espalda.

Espino blanco. – (Acassia alba). Especie de acacia, que produce una goma de las mismas cualidades de la arábiga. El cocimiento de la raíz es un antídoto seguro contra las mordeduras de las culebras, administrado interiormente y en baño.

Espino de Comayagua. – Vale aremo.

Espumilla o suspiro. – Merengue tostado en el horno.

Espundia. – Filandria, de algunas lagunas, que se introduce en la piel.

Es que. – Don Francisco Pimentel, en su *Historia Crítica de la Literatura y de las Ciencias en México*, califica de barbarismos el uso de *esque* (así lo escribe aquel literato), en la cuarteta que trascribimos del padre Navarrete:

"Atisba los mosquitos
Que llegan a su casa
Y allá quién sabe cómo
El jugo *es que* les saca".

Estas locuciones, en que el enunciativo *que* sirve de sujeto al verbo *ser*, dice Bello en su Gramática, son frecuentísimas. En Honduras incurrimos a cada paso en la supuesta falta que se imputa al poeta Navarrete.

Esquilencia. – Corruptela de Esquinencia: angina.

Esquinsuche. – (Ehretia guatimalenses). *Izquixochitl*, azteca. – Es una flor blanca, semejante a la mosqueta en la forma, y en el olor a la rosa cultivada, aunque el suyo es mucho más fragrante. Nace en árboles grandes. En Danlí le llaman *cacalichuchue*.

Esquite. – Maíz tostado.

Estaca del jesuita o del fraile. – Derecho insignificante concedido a una persona sobre casa ajena, que con el tiempo causa al dueño de esta inmensos perjuicios. Dicen que antes de la Ley 15, Título 20, Libro 10 de la Novísima Recopilación, un jesuita o fraile, que tanto monta, no pudiendo obtener que un moribundo, a quien fue a confesar, testara a favor de él o de la comunidad a que pertenecía el confesor, le rogó que le permitiera clavar una estaca en la pared de la casa del moribundo para poner en ella su sombrero. A tan poca cosa el enfermo accedió para mal de sus pecados; y desde entonces el clérigo a toda hora del día y de la noche llamaba a la puerta de la casa donde estaba la estaca, y entraba con el pretexto de que iba a colgar su *abarquillado*. Y cuenta la crónica que llegó a valer tanto la posesión de la *estaca* como la casa misma.

Estacar. – Estirar un cuero sujetándolo en la tierra con estacas, para que se seque. – Como reflexivo, punzarse o herirse con un gancho o astilla, o con un clavo.

Estafermo. – Creemos que al decirle a una persona muy fea, *cara de estafermo*, quien tal dice comete un quid pro quo. La intención habrá sido llamar al feo *cara de estafeta*. Pero, se nos replicará, esto es peor, porque las estafetas no tienen cara. Mas es el caso que en Honduras sí la han tenido, porque en el buzón de la oficina de correos conocimos no hace mucho tiempo un mascarón de madera que ponía espanto, en la boca del cual estaba el agujero por donde se echaban las cartas. Sin embargo, *estafermo* significa la figura de un hombre embutido de trapos, etc., que de seguro no ha de tener la cara bonita.

Estampilla. – Timbre: sello de correo que se usa para el pago del impuesto del ramo.

Estantino, cerete o sisiflis. – Ano. El primero de estos provincialismos lo es también del Ecuador.

Estar o verse a palitos. – Estar uno en una gran dificultad.

Estar con flato. – Esta frase, lo mismo que *tener flato* o *aflatarse*, se traducen por estar triste.

Estar en pínulas. – Estar una persona enteramente desnuda.

Estar uno con la leche entre los dientes. – Estar uno con la leche en los labios.

Este. – Con el demostrativo expresado y el verbo ser en la tercera persona de singular del pretérito imperfecto de indicativo (copretérito para los *bellistas*), comienzan todos los cuentos con que las madres hondureñas, o cualquiera persona de la familia, divierten a los niños en las primeras horas de la noche. Los cuentos de cajón de *Tío Coyote* y *Tío Conejo*, del *Pájaro del dulce encanto*, y de *Pedro Urdemalas* (para nosotros *Urdimalas*), principian con al frase sacramental *este era*. En oyendo los muchachos la susodicha frase prestan toda su atención, aunque se les engañe, como sucede con la recitación de la siguiente estrofa, que pone a prueba su paciencia y que los hace protestar.

"*Este era* un gato
Con sus pies de trapo
Y sus ojos al revés.

Querevez, querevez
¿Querés que te lo cuente otra vez?".

Muy disgustado estábamos con el señor Cuervo porque como que quiere indicarnos en sus luminosas *Apuntaciones* que comencemos los cuentos con *érase que se era*; pero don Pedro A. de Alarcón, conservador de todo lo bueno del idioma de Cervantes, nos autoriza para que no olvidemos nuestro *este era*:

"*Este era* un pobre muchacho, alto, flaco, amarillo, con bellos ojos negros, la frente despejada y las manos más hermosas del mundo; y muy mal vestido, de altanero porte y humor endemoniado".

(El Amigo de la Muerte. – Capítulo I).

Estiquirín. – Nombre que por su canto damos al buho o gran duque.

Estocada. – Hedentina.

Estor. – (*Store*, inglés). – Tienda.

Etiqueta. – Es general no solo en Honduras sino en la América española, llamar *etiquetas* a los rótulos que se ponen en las botellas, frascos, etcétera, para indicar su contenido, lo mismo que en los géneros y demás mercaderías.

Evadirse. – Teniendo a evasión, fuga, hemos supuesto la existencia de *evadirse*, fugarse.

Excutir. – Exigir el fiador que goza del beneficio de excusión, que antes de procederse contra él, se persiga la deuda en los bienes del deudor principal, y en las hipotecas o prendas prestadas por este para la seguridad de la misma deuda:

"Cuando varios deudores principales se han obligado solidariamente y uno de ellos ha dado fianza, el fiador reconocido tendrá derecho para que se *excutan* no solo los bienes de este deudor, sino los de sus codeudores".

(Artículo 2.269 del Código Civil hondureño).

Excencionar. – Del sustantivo exención se ha formado este verbo, que puede sustituirse por exentar.

Externar. – *Externar* el juez su opinión por *expresar su juicio o manifestar su dictamen*, es común entre los curiales.

Extrañar. – Con este verbo nos sucede lo que con *enfermar*, que lo hemos hecho pronominal, contra el parecer de la Academia y de algunos académicos, de los cuales excluimos a Núñez de Arce:

> – "¿Ve Ud.? Pero no *me extraña…*
> Te perdono: soy tu amigo;
> Eso es lo que trae consigo
> Tan larga ausencia de España".

(Justicia Providencial).

> – "*Me extraña* tanto rigor,
> Y es posible que te excedas".
> (Id).

F

Faja. – Lo mismo que pretina.

Fajar. – Nos parece propio, salvo mejor parecer, el uso que hacemos de *fajar* como activo en las expresiones como esta: "*le fajé unos látigos*", ya que la correa con que se da el golpe se arrolla en el cuerpo del que lo recibe. Además, en el lenguaje de la Germania, *faja* significa *azotes* y *fajado*, se dice de la persona azotada.

Farolazo. – *Echarse un farolazo* es tomar un trago de *guaro* (aguardiente) o coñaque. (Véase Calazo).

Favorecido, da. – Es corriente el uso de este adjetivo en el sentido que le da Jovellanos en sus cartas:

"Mi muy estimado P. Fr. Manuel: Hemos recibido con el mayor gusto la *favorecida* de Ud., de 15 del pasado, etc.".

(Obras de Jovellanos. – Tomo III).

Fedatario. – Notorio Público.

Feróstico, ca. – A la persona fea en exceso le decimos *feróstica*. Esta palabra es derivada directamente de feroz, que a su vez lo es de fiero. (Véase a Monlau en su *Diccionario Etimológico*. *Fiero* con la acepción de feo, lo usa nuestro pueblo y lo autoriza la Academia.

Ficha. – Moneda de plata de a cinco y diez centavos.

Fierra. – Lo mismo que *hierra*. (Véase esta palabra).

Fierro. – Marca con que se hierra el ganado vacuno y caballar.

Fifirifao. – Corrupción de pipiripao, término aquél con que expresamos una idea contraria a la que significa *pipiripao*.

Filoso, sa. – Se aplica a los cuchillos, navajas y otros instrumentos análogos cuando están bien afilados o amolados. *Filoso* o *navajoso* también se dice de las personas que tienen mucha hambre.

Filtrafa. – Adulteración de piltrafa.

Filustrino, na. – Se le llama a la persona desconocida. – Flaco.

Financiero. – Galicismo que se traduce por *rentístico*. Este adjetivo con todo y ser gálico llegó ya a las altas regiones del poder. Nuestro amigo, el licenciado don Miguel R. Dávila, ministro de Hacienda y Crédito Público, redactaba un *Boletín Financiero*.

Vulgarmente es *financiero* el que anda siempre en sus negocios, el que de todo pretende sacar utilidad, el que no da patada de balde.

Fisga. – Lo mismo que flecha.

Flamenco. – Aplicado a las caballerías, alicrejo.

Fletada. – Dar una *fletada* es dar una reprimenda, *echar un aguaje*. Dicen *fletada* las personas a quienes les suena mal decir *fregada*.

Flor de un día. – Fiebre amarilla.

Flor mestiza. – (Plumería rubra). Es la flor que los aztecas conocían con el nombre de *cacaloxichitl*, flor de cuervo. Es pequeña, pero olorosísima y manchada de blanco, rojo y amarillo. El árbol que produce estas flores se cubre enteramente de ellas, formando en la extremidad ramilletes naturales no menos agradables al olfato que a la vista. Con las *flores mestizas* se adornan los altares de la cruz. En las orillas de los arroyos y ríos hay un árbol de la misma familia del que produce la flor de que hablamos, el cual echa unas no tan olorosas como las *mestizas*, que se llaman *cacalichuches*.

Florear. – Echar o arrojar flores. Como nuestro verbo significa, según la Academia, adornar o guarnecer con flores, hay veces que el sentido indica que es más propio usar *florear* que *florecer*, como puede verse en la siguiente estrofa de Pérez Bonalde:

"*Floreaban los tilos*, cantaban las aves,
Y alegres vertía sus rayos el sol;
Tus labios sellaron los míos suaves,
Y a mí te abrazastes temblando de amor".

Se dice que está *floreando* el pelo cuando las puntas están hendidas y divididas en dos.

Floricunda. – Floripondio.

Flux. – Se dice en algunos juegos de naipes cuando concurre la circunstancia de que todas las cartas que se dan al jugador son del mismo palo; y como cuando esto se verifica gana el tahúr, de allí que digamos que *tiene flux* o que *está en flux* el que tiene suerte. – Por extensión llamamos también *flux* al traje de hombre, de un mismo género o tela, al terno.

Fomentar. – Usamos este término en la acepción que le dan algunos léxicos. Significa aplicar las sustancias sólidas o líquidas a cualquier punto de la superficie del cuerpo humano, para llamar o mantener el calor en dicha parte, calmar el dolor, etcétera. Vulgarmente se dice *faumentar, faumento*.

Fondeado, da. – *Estar fondeado* es expresión familiar que significa tener uno dinero, estar en fondos.

Fondillo o fundillo. – Los fondillos.

Formarse. – Proveerse de recursos de la noche a la mañana.

Fregar. – Amolar.

Frenillos. – Los frenillos de los *papelotes* son superiores o inferiores: los primeros se hacen asegurando una hebra de hilo por sus extremidades a la parte que por el lado de arriba pasa cada una de las cañas de la armazón del papel de la cometa, y otra al centro de dicha armazón; las cuales se juntan por medio de un nudo equidistante del medio de la orilla superior del papel y del agujero por donde pasa la hebra amarrada en el centro de las cañas; en los segundos se omite esta hebra. Los frenillos de los *barriletes* son los mismos, solo que las hebras de hilo se sustituyen por cabuyas.

Fresco. – Las bebidas frías y dulces son para nosotros *frescos*, y no refrescos.

Friega plato. – Arbusto de tallo y ramas espinosas, propio de las orillas de los ríos. Esta planta tiene virtudes incontestables contra los males venéreos, y especialmente contra las excrecencias o bubas. Es el *quauhtepatli* de los aztecas. Por el lugar en que demora la planta que con aquel nombre hay en Colombia, creemos que es la misma que hemos hablado.

Frijoles brutos. – La Academia consigna en su Léxico la palabra *fríjol*, con el acento en la penúltima sílaba; entre nosotros siempre es aguda.

Somos tan aficionados en Honduras a comer frijoles, que los comemos hasta *brutos*, o lo que viene a ser lo mismo, cocidos en agua con sal; pero esta honra solo la merecen los *frijoles chilitos*, que son unos colorados y muy sabrosos, que se cultivan en nuestros valles o bajíos; y no los *mecaites*, por tener un desagradable sabor a lejía.

Frijolillo. – Arbusto que echa unas vainitas dentro de las cuales hay unos frutos parecidos a los frijoles, pero más pequeños que estos. En la medicina popular utilizan la hoja de la planta para curar el histerismo o mal de madre.

Frontón. – El lugar o parte de la veta donde topan los trabajos de una mina.

Fruncir. – Amolar.

Fuerano, na. – Corrupción de forano.

Fungibles. – Se dice de aquellas cosas de que no puede hacerse el uso conveniente a su naturaleza sin que se destruyan. El artículo 665 del Código Civil Hondureño, de donde hemos tomado esta definición, considera como *fungibles* las especies monetarias, en cuanto perecen para el que las emplea como tales. En el Digesto se halla *res fungibles*.

Fungir. – Le damos la acepción de funcionar, cuando se refiere a las personas.

Fusilico. – Cierto juego de naipes, que se juega entre cuatro personas si es *tapada*, o entre dos si es *destapado*. En este juego las cartas tienen el valor que en el de truque.

Fringa. – Lo mismo que frazada, *manga*. – Persona raquítica.

Fritanga. – Equivale a fritada o fritura.

Fustán. – Lo mismo que refajo en la segunda acepción que a esta palabra da el Diccionario de la Academia: falda interior de las mujeres.

G

Gajo. – Porción de pelo de la cabeza.

Galápago, galapero. – *Galápago* es silla en que montan mujeres. Hace algún tiempo que los que ejercían el oficio de hacer sillas de montar se llamaban *galaperos*, y el taller *galapería*; hoy estos nombres han sido sustituidos respectivamente por *talabartero*, *talabartería*. La sustitución no ha sido provechosa al sentir de los puristas.

Galera. – Tinglado, cobertizo, sitio cubierto ligera y rústicamente para resguardar de la intemperie hombres, animales o efectos.

Galga. – Cierta hormiga amarilla, que llevará este nombre por lo ligera que es. También se la conoce por *hormiga loca*.

Galopa. – Lo que los léxicos llaman galop: especie de baile húngaro.

Gallería. – Feria que hay todos los domingos del verano, en un lugar determinado, en el pueblo de Langue, departamento de Valle.

Gallo. – En los días de San Juan y de San Pedro tenían costumbres los muchachos de recorrer en pandillas las calles de las poblaciones, pidiendo el *gallo* a los Juanes o a los Pedros. Obtenían por este medio unos cuantos centavos, con los que se proveían de golosinas.

En aquellos mismos días los hombres corrían gallos.

Gancho. – Horquilla: especie de alfiler de dos puntas que usan las mujeres para sostener el pelo.

Garañón. – Caballo destinado para cubrir las yeguas y las burras. Díez, en su Gramática, trae a *garañón* como masculino que responde a yegua.

Garlear. – El muy pobre, el que no tiene cómo satisfacer sus necesidades, no obstante de trabajar constantemente, *está garleando*. Para la Academia *garlear* es triunfar. Para Ercilla es lo mismo que *carlear*:

> "Estaban par a par desacordados,
> Faltos de sangre, de vigor y aliento,
> los pechos *garleando* levantados.
> Llenos de polvo y de sudor sangriento,

Los brazos y los pies enclavijados
Sin muestra ni señal de sentimiento;
Aunque de Tucapel pudo notarse
Haber más porfiado a levantarse".

(La Araucana. – Canto XXX).

Garnacha. – Fuerza física o moral ejercida sobre las personas para que accedan a lo que se les pide o hagan alguna cosa.

Garra. – Lo mismo que *garrancho*. (Véase esta palabra).

Garrancho, desgarranchado. – *Garrancho* es cacho o pedazo de alguna cosa blanda, que con el tiempo se ha vuelto dura. *Un GARRANCHO de tortilla*.

También es un *garrancho* la persona, principalmente mujer, que dotada de un natural fogoso y sin fijarse en el qué dirán ni en otras menudencias de esta ralea, baila, canta, pasea o se divierte de cualquier otro modo; y en fin hace lo que le da su real gana.

El que con buen traje y pudiendo traerlo bien, no lo trae de este modo, porque así se le antoja, *anda desgarranchado*. Dicho vocablo, vale descuidado, desaliñado.

Garrobo o guanaco. – (Lacerta horrida). Saurio de fuerte piel escamosa.

Garrufia. – Runfla de *rapaduras* unidas de modo que forman un solo todo. La que sirve de base es más grande que la que tiene encima, está más grande que la siguiente, y así en este orden hasta llegar a la última. (Véase Rapadura). – Desperdicio, cosa inservible. Tal vez es adulteración de garrubia.

Gas. – Parece contradictorio que haya *gas líquido* en Honduras; pero ante los hechos no hay objeción alguna. Comerciantes, municipalidades, patronos, faroleros, criados, etcétera, llaman gas al *petróleo*.

Gato. – El molledo del brazo.

Gaznatada. – Golpe violento que se da con la mano en la cara.

Gazpacho. – Las heces que quedan en la preparación de algunos alimentos, el *chingaste*. (Véase esta palabra).

Gazuza. – El que en los actos o contratos no se deja engañar, y antes por el contrario saca de ellos el mayor provecho posible.

Gente. – Por antonomasia se llama así a las personas de distinción.

Giro. – Comerciantes y no comerciantes compran libranzas o letras de cambio, a las que dan el nombre de *giros*. La sustitución no la creemos impropia, puesto que *girar* es expedir libranzas, talones y otras órdenes de pago, y *giro* la acción y efecto de girar. – Son *giros* los gallos cuyas plumas tienen color e paja.

Gloriado. – El *gloriado*, por otro nombre *tibio*, es una decocción de aguardiente y azúcar negro o *rapadura*.

Golfera. – Calificativo que se da a la bestia mular cuando por haber trajinado mucho los caminos, conoce los malos pasos de estos, los vados de los ríos, el sitio donde hay pasto en las *dormidas*, etcétera.

Gobernador. – Jolote.

Golondrina. – Yerba rastrera, de la familia de las euforbiáceas, cuya leche aplicada a los *mezquinos*, los resuelve.

Golillar. – Ganar el sueldo sin hacer nada, pero aparentando que se trabaja.

Goma. – Enfermedad que sobreviene a los ebrios inmediatamente que les pasa la borrachera. La mayor parte de ellos aplican para curarse el principio del sistema homeopático de *simila similibus curantur*, que traducido al idioma hondureño quiere decir: *que con los mismos pelos se curan las heridas*; es decir que la *goma* que produce el aguardiente se cura tomando de este licor, y la que causa el coñaque, con coñaque. Sucede a las vegadas que por excesiva la dosis de licor que se bebe para la curación, resulta una nueva borrachera; y como esto puede ocurrir varias veces arreo, el *bolo no ve claridad*, o *coge carrera*, como también se dice. El nombre científico de la *goma* es gastritis alcohólica.

Granada. – Fuego artificial que lleva este nombre porque tiene la figura de aquella fruta.

Granadilla. – (Passiflora serrata). Planta de hoja ancha. El fruto, que es del tamaño y hechura de un limón, tiene la cáscara vidriosa y de color entre verde, amarillo y anaranjado; rota esta hay otra piel blanca, correosa y afelpada, y por dentro está llena de semillitas chatas, cubiertas de carnosidad delicada y dulce, y de bastante agua de bellísimo gusto.

Granazón. – Muchos granos.

Gringo, ga. – Damos este nombre a los *yankees*.

Grisma. – Parte pequeñísima de una cosa. – En el trato familiar y entre las mujeres, no tener ni *una grisma* de sal, azúcar, etcétara, es no tener ni una parte insignificante de sal, azúcar. A las claras, *grisma* es una corrupción de *brizna*. Es el *brizna* de los italianos y el *mica* de los latinos.

Guabul. – Bebida que se hace del plátano maduro, cocido y deshecho en agua.

Guaca. – Dinero, alhajas o cualquiera otra cosa que una persona deposita en un lugar con el objeto de esconderla.

Guacal. – *Uacalli*, azteca. – Árbol de la misma familia del *jícaro*. Produce unos frutos redondos, de cuya cáscara se hacen los *guacales*, dividiendo por mitad el fruto.

Guacamaya. – Espantalobos: arbusto cultivado en las poblaciones cálidas. Las hojas muy parecidas al sen; las flores en maceta, rojas o amarillas; las semilla está en una vainita. El cocimiento de las hojas es purgante. – También se da el nombre de *guacamaya* o *lapa* al ave que la Academia llama guacamayo (macrocertris tricolor).

Guacamol. – *Ahuacamulli*, azteca. – Manjar que se hace de aguacate, cuajada, huevo cocido, cebolla y sal.

Guácima. – (Guazuma Ulmifolia). Según don Carlos Gagini, es haitiano este nombre, que también damos al *caulote*. (Véase esta palabra).

Guaco. – (Milkania guaco). Esta planta que, si mal no recordamos, fue descubierta por un negro, quien la dio a conocer al sabio Mutis, existe en Honduras, y sirve para curar las mordeduras de las víboras.

Guachapeado, da. – Se dice del que a causa de su vejez o de una enfermedad ha perdido parte de sus fuerzas.

Guachipilín. – La yema del huevo. – Una madera fuerte y sólida, que ignoramos si es la que Alcedo y la Academia llaman *guachapelí*. La raíz *chipillín* no es desconocida en mejicano, y se halla en la palabra *tlalchipillín*, nombre de una yerba medicinal. Nosotros tenemos el verbo *chipilinearse*, que lo traducimos por nuestro *fregarse, amolarse*. (Véanse estas palabras).

Existe en Guatemala, dice el señor Batres, una planta llamada *chipillín*, del género *crotallaria vitellina*, que se come cocida, a veces con arroz o con frijoles.

Guaje. – Hemos oído aplicar este nombre a las personas o cosas inútiles, despreciables. En algunos pueblos de Méjico, *guaje* es una especie de calabaza, seca al calor y humo del fuego, la cual tiene diferentes usos.

Gualdrapa. – Lienzo o manta que se coloca sobre los sudaderos e inmediatamente después de la silla o *galápago*. – Mantilla.

Gualiqueme o pito. – Árbol perteneciente a las leguminosas, del género *Erythrina corallodendrum*, que echa unos frutos de color muy rojo, parecidos a los frijoles. Toda la planta es un precioso narcótico sin los inconvenientes del opio. La palabra *gualiqueme* es de origen azteca.

Guamil. – El labrador que desea ocupar una parte de nuestras incultas montañas en trabajos agrícolas, comienza por descombrar el terreno, por prepararlo; pero si concluida esta operación trascurren algunos años sin efectuar las siembras, se cubre la tierra de unos arbustos a que dicen *guamiles*, que llegan a crecer hasta tres y cuatro varas. También se le dice *guamil* a la misma tierra cubierta de estos arbustos; y creemos que esta acepción es la primitiva, porque el término que estudiamos es compuesto de las dos palabras aztecas *ouatl*, espiga tierna de maíz, y *milli*, campo; como quien dice tierra preparada para sembrarla de maíz.

Guanacaste. – (Enterolobium eyelocarpum). *Quauhuacastli*, azteca. – Árbol gigantesco, cuyo tronco sirve para hacer ruedas de carretas. La cataplasma del fruto aplicada en tiempo sobre una parte del cuerpo mordida de culebra, impide las malas consecuencias del veneno.

Guanaco. – Es para el *chapín* todo centroamericano que no ha nacido en la ciudad de Guatemala. – *Garrobo*. (Véase esta palabra).

Guanco, ca. – Se dice de la persona que ha vivido siempre en el campo y tiene expresión estúpida.

Guanocho. – Costal: saco grande de tela ordinaria en que se trasportan los granos, semillas u otras cosas. – Una especie de estopa al parecer de coco, con que cubren los tercios de tabaco en rama.

Guanjuro, lasuso o ruis. – El último hijo de un matrimonio cuando ya la madre no puede concebir por impotencia proveniente de su edad avanzada.

Guanquerías. – Visitas que recíprocamente se hacen los pueblos de indígenas. Son presididas por las municipalidades y patronos de los pueblos.

Guansapo. – Se aplica a los ojos zarcos, pero de un zarco oscuro.

Guapiricoya. – Gallinacea montés.

Guapote. – Variedad de arenque.

Guara. – Guacamayo.

Guaracho. – Sombrero estropeado. En Méjico, según Lizardi, *guaracha* significa *cactle* (caite) o sandalia. En España *guaracha* es un baile o canto, como se ve en lo que copiamos enseguida:

> "De él aprendió la jota la *guaracha*,
> El bolero, y en fin música y baile".

(Obras de Jovellanos. – Tomo IV).

Guaragua. – En las Antillas significa color verde; entre nosotros *guaraguas* es sinónimo de mentiras.

Guarapillo. – Agua endulzada, con algunas raíces u hojas de plantas medicinales puestas a fermentar.

Guaro. – Nombre vulgar del aguardiente de caña dulce.

Guarrasqueño, ña. – Rumboso.

Guarumo. – (Panax undulata). Árbol, con la división vulgar de *macho y hembra*. Las hojas son blancas en el limbo inferior, grandes y ásperas, y los tallos huecos. Los baños generales del cocimiento caliente, curan reumatismos antiguos y rebeldes.

Guasanga. – En algunos léxicos se encuentra esta palabra como provincialismo de Méjico y Cuba con la acepción de *bulla*, *zambra*, que es la misma que le damos por acá.

Guasaya. – Dos elotes o mazorcas de maíz unidas por un nudo que se forma con la tusa (corazón) de cada uno de ellos.

Este término parece provenir del verbo azteca *uatza*, secarse, enjugarse; si se atiende a que los indios que ponen a secar en aquella forma, en la parte del techo de la cocina que queda sobre el fuego, las mazorcas cuyo maíz reservan como semillas para sus siembras del siguiente año.

Guasimocha. – Zonzo.

Guaspirolazo. – Golpe que una persona da a otra. – Farolazo.

Guataco, ca. – Regordete.

Guate. – *Ouatl*, azteca. – Espiga tierna de maíz que sirve para forraje de las bestias. Concluido el invierno en el mes de octubre, se siembran los *guatales*, regando la semilla del maíz de manera que sea muy corta la distancia que haya entre los granos; con lo que se consigue que la caña sea muy delgada por el poco desarrollo que alcanza la planta.

Guato, ta. – Lo mismo que Guache.

Guayabe. – Mentirilla.

Guayabillo. – Familia de las *Mirtáceas*, género *Psidium*, compuesto de árboles de hojas opuestas y enteras, con flores blancas sostenidas por pedúnculos axilares y formadas de un cáliz quinquílido y de una corola con cinco pétalos. Los árboles que conocemos habitan en las sabanas pantanosas, y son de una vara de alto, de tronco torcido, liso, blanquecino y manchado de rojo y amarillo. El fruto es agridulce.

Guazapa. – Trompo que se hace de los carreteles o *carretones*, que no tienen hilo.

Guazpato, ta. – Tal vez sea metátesis de pazguato, pero nuestro vocablo no significa simple, sino patuleto.

Güegüecho. – Coto, papera, tumor que se forma en la papada y en otras partes del cuello, desde la garganta hasta las orejas. En sentido figurado, *güegüecho* es lo mismo que tonto.

Güerete. – Llanto de un muchachito; y por extensión niño llorón.

Güergüero. – Corrupción de guerguero o gargüero.

Güicoy. – Variedad de *ayote* (Véase Ayotera).

Güiligüiste. – No es muy común el uso de esta palabra; significa peso, *bamba*; así cien *güiligüistes* son cien pesos. En el título de las tierras de *Santa Bárbara* y *Ánimas Benditas*, del departamento de Choluteca, aparece *güiligüiste* como nombre de un árbol.

Guilindujes. – Arreos con adornos colgantes.

Güilón. – Cobarde. Tal vez es aumentativo de *güira*, permutada la *r* en *l*, que significa calabazo, y metafóricamente cobarde.

Guindandejo. – Término familiar y a veces despectivo que se da a las colgaduras.

Güira. – Véase Güilón.

Güirila. – Tortilla de elote.

Güiris. – La persona que trabaja en las minas, y en general, el vecino de un pueblo minero.

Güíscamo. – *Cuerazo*, latigazo.

Güiscoyol. – (Bactris horrida). Palma silvestre.

Güistomate. – (Solanum). *Uitztomatl*, azteca. – Solanácea que tiene propiedades diuréticas y antisifilíticas.

Gurguncha. – Lo mismo que *hucha*, cuando significa dinero que se ahorra y guarda para tenerlo de reserva.

Gurrubucear. – Buscar alguna cosa y poner todos los medios necesarios para encontrarla. – Averiguar con cuidado lo que se desea saber.

Gurrumina. – Persona lista, astuta.

Gurupera o tenedora. – La correa con que se afianza la parte posterior de la silla a la cola del caballo u otra bestia; baticola.

H

Habilla. – (Hura crepitans). Árbol de regular tamaño, espinoso y copado, de la familia de las euforbiáceas. Es muy lechoso. El fruto es redondo, con muchas celdillas, conteniendo una almendra cada una de ellas. La mitad de una almendra es un purgante fuerte, parecido al de *piñón* o *tempate*.

Hablando del rey de Roma y él que se asoma. – En nombrando al ruin de Roma luego asoma.

Hablar en lengua. – Hablar en un idioma que no sea el nacional o español. Lo mismo dicen en la Argentina.

"Y preocupada todavía por la memoria del infortunado amante de Carmela, canté *¡O Bell' alma enamorada!* Dando el pesar a mi voz un acento lastimero que arrancó lágrimas a los ojos de mis acompañantes.

– ¡Ah! Qué lástima – exclamó uno de ellos – cantar tan bien y *en lengua*!"

(Juana Manuela Gorriti. – Peregrinaciones).

Hacer a uno una turumba. – Desconcertado por completo o cuando habla.

Hacer bombo a una persona. – Tamborilear a una persona.

Hacer la mojarra. – Trasquilar la crin de la bestia mular dándole la forma de aquel pez.

Hacer un dos. – Dividir una copa de licor en dos tantos, uno para cada bebedor.

Hacer un cachete. – Hacer un *dugo*. *Cachete* debe ser un diminutivo de nuestro provincialismo *cacha*, diligencia.

Hacer un correo. – Servir de correo una vez.

Hacerse el zunte o la chanchita. – Es quedarse calladito, no decir nada. *Zunte* es la palabra mejicana *tzontell*, que entre otras acepciones tiene la de tonto, idiota.

Hartazón. – Término muy vulgar, que vale *comida*.

Hechusgo. – Forma exterior que tiene una cosa. *El niño tal por el HECHUSGO de la cara me parece hijo de la zutana.*

Helado, da. – Si este adjetivo significa lo que está muy frío, no alcanzamos el porqué no podemos decir *agua helada* cuando queremos dar a entender lo fría que está aquella que bebemos o en que nos estamos bañando.

Hicotea. – Tortuga terrestre. En algunos léxicos aparece *jicotea*.

Hierra. – Herradero: la acción y efecto de marcar el ganado con un hierro encendido. – Temporada en que se hace esta operación. Los uruguayos dicen hierra, yerra.

Higadilla. – Potaje de riñones e hígado de res; riñonada.

Higuerilla. – (Ricinus commanis). La planta de tallos huecos y hojas grandes que la Academia nombra *higuereta* o ricino.

Hijear. – Suponíamos que nuestros labradores habían dado esta forma al verbo ahijar; nos sacó de este error la lectura de una de las publicaciones más serias de Hispanoamérica:

"En países más cálidos *hijea* más y con mayor vicio (la caña de Otaiti), y viene y está para moler a los diez meses".
(Semanario de la Nueva Granada).

Hijillo. – Enfermedad que, con fundamento o sin él, creen nuestros labradores contraen las plantas cuando las toca una persona que acaba de estar en contacto con el cadáver de un hombre.

Hilito. – Tengo un *hilito* en el estómago, dicen algunas personas cuando sienten desmayo a causa de la flaqueza de estómago, con lo que cometen la figura aféresis, porque lo que sienten es *ahilito*, diminutivo de ahilo. Es de notar que en el verbo que forman de este sustantivo, aspiran tanto la *h*, que suena como *j*; pronuncian *ajilar*, y no *ahilar*.

Hilo. – Tela de algodón, en contraposición a la de otras materias. *Pañolón de HILO.*

Hincar. – En aquellos tiempos en que la pedagogía estaba reducida a ciertos conocimientos empíricos, bien que así lo está aún entre nosotros, cuando un alumno cometía una falta, si era leve le mandaba el maestro que se *parara*, y si era grave, que se *hincara*. *Pararse*, por ponerse de pie, lo ha defendido el filólogo guatemalteco señor Batres Jáuregni, con muy buenas razones; pero no le ha cabido igual suerte a *hincarse* por *arrodillarse*, con cuya significación seguimos usando ese vocablo. Sin embargo, en esta acepción que damos a *hincarse*, no vemos más que una sinécdoque, porque si, según el Diccionario de la Academia, arrodillar significa *hacer que uno hinque la rodilla o ambas rodillas*, cuando se le manda a uno que se *hinque*, por sabido se calla que lo que ha de hincar son las rodillas. La acepción que se le da en Honduras a *hincarse* la tienen también en el Perú, como aparece en *El Inquisidor Mayor*, de Bilbao.

Hipericón. – Creíamos que esta planta, que tan buenos servicios nos presta contra los males nerviosos, el reumatismo y el *flato hondureño*, era indígena; pero, según refiere Jovellanos en el tomo 3° de sus *Obras*, hay *hipericón* silvestre en las inmediaciones del Castillo de Ballver, y él mismo nos da la noticia de que Linneo llamó a esta planta *Ballarico*.

Hoja. – Hoja de maíz.

Hoja blanca. – Arbusto de hojas largas, vellosas y blanquizcas; crece hasta la altura de tres varas. La infusión del cogollo bebida es un remedio eficaz para las indigestiones.

Hoja de aire. – (Bryophuylum calicinum). Planta que habita en los tejados de las casas y tapias y en los pantanos de las orillas de los arroyos. Es sudorífica e insecticida.

Holán. – Así pronunciamos y no *Holanda* como quiere el señor Emiliano Isaza. *Holanda* había perdido en España su última sílaba a fines del siglo pasado.

"Que desde luego debe preferir España el consumo de esos géneros asiáticos al de cambray, *holán*, batistas, etc.".

(Obras de Jovellanos. – Tomo IV).

En el artículo de costumbre de *Mi Maestra Escolástica*, del doctor Rosa, encontramos *olán*.

Hombrera. – Hombrillo: lista de lienzo con que se refuerza la camisa por el hombro.

Horcón. – En las casas de *bajareque*, *horcón* es el madero de forma de horquilla en una de sus extremidades y en el que, fijo en el suelo, estarán sentadas las vigas.

Hormar. – Aféresis de ahormar.

Horrarse. – Oímos decir que se *hora* una vaca, yegua, etcétera, cuando se le muere la cría antes de llegar a ser cabeza. Con la misma acepción lo usan en Colombia.

Hotel. – Todo un Mesonero Romanos llama *hotel* a lo que el Diccionario *fonda, hostelería*. En nuestro *Reglamento de Policías* hay una sección dedicada a los *Hoteles* y posadas públicas.

Hoyita. – Poco nos gustan los diminutivos en *uelo*; de aquí que al hoyo que tenemos debajo de la garganta donde comienza el pecho, no le digamos hoyuelo u hoyuela, sino *hoyita*.

Hueste o cuciste. – *Cuechtic*, azteca. – Aplícase a las cosas que se muelen, cuando quedan bien molidas.

Hueviar. – Hurtar.

Huevo chimbo. – Almíbar que se hace de huevos batidos.

Huevo huero. – Así se le dice al que está podrido. Los huevos no fecundados por el macho son *vanos* en esta tierra.

Huevo tibio. – En contraposición al huevo duro, que está bien cocido, llamamos *huevo tibio*, al cocido ligeramente, al huevo pasado por agua.

Huintaca. – Milpa de postreras que se hace sin cortar previamente el monte.

Huipil. – Allá de tarde en tarde se oye pronunciar este término de puro origen azteca. *Hueipille*, decían los mejicanos a las camisas de mujer, sin mangas, y la misma significación tiene *huipil* entre nosotros.

Huistora. – Tortuga.

Huitrón. – Dan este nombre los mineros a un agujero contiguo a los hornos o vasos de afinar o copelar platas, y en el cual, con maderas resinosas, se alimenta la llama que comunica con el horno.

Hulado. – Encerado: lienzo aderezado con cera o cualquiera materia bituminosa para hacerlo impermeable.

Hule. – (Siphonia Elástica). *Olli* o *ulli*, azteca. – Goma elástica que se extrae de un árbol que lleva aquel nombre, y que abunda en las tierras bajas de las dos costas hondureñas.

Hurgandilla. – Persona que menea o remueve una cosa. Se usa solo en sentido moral y en el trato familiar.

I

Ideático, ca. – Se aplica a la persona de ingenio para disponer, inventar o trazar una cosa.

Ignorancia del elenco. – Sofisma de cosa: ignorancia de la cuestión.

Igüía. – Lo mismo que Barco.

Ilusionarse. – Este verbo, que no lo consigna la Academia en su Léxico, se halla en el *Diccionario Francés-Español* de Salvá, y lo usan escritores de nota.

"Y era tal mi entusiasmo, que *ilusionado* con la rebaja del precio (uso general de toda almoneda), no reparaba, etc."

(El Curioso Parlante. – Escenas matritenses).

Siguiendo las reglas de la Academia, *ilusionado* es participio pasivo de *ilusionarse*.

"Pero aun sin este gasto de observación y raciocinio bastaba consultar los glosarios de don Tomás Antonio Sánchez, para *desilusionarse* de semejante verbo".

(Bello. – Gramática de la Lengua Castellana).

Desilusionarse, como se sabe, es palabra compuesta de la preposición impropia *des* y el verbo *ilusionarse*.

Imantar. – De este modo decimos, poniendo una *t* innecesaria a *imanar*. En la Península se dice también *imantar*.

Impender. – Suponemos que del verbo *impendere*, gastar, consumir, verbo muy clásico según don Raimundo de Miguel y el Marqués de Morantes, hemos derivado nuestro *impender*, que no trae ninguno de los léxicos que tenemos a la vista.

Sin embargo, el tal verbo *impender* se habrá usado en España, cuando en los *Códigos españoles* encontramos el adjetivo *impendiario*, que indudablemente supone a *impender* puesto que se deriva de él:

"Que se llama acreedor *impendiario* o refaccionario, cuya justa preferencia, aunque sin crédito sea posterior en tiempo, se funda en que sin su auxilio no existiría la cosa, etc."

(Nota a la Ley 28, Título 13, página 5°).

Implantar. – Se traduce por plantear, establecer. En Méjico significa ingerir o introducir una cosa en otra.

Implicancia. – *Chilenismo* que nuestros codificadores han incorporado en el lenguaje hondureño; vale prohibición que tiene un juez, fiscal, secretario o receptor para desempeñar las funciones que les da la ley, por ser incompatibles dichas funciones en un negocio determinado con sus intereses personales.

"El juez ante quien se reclama la *implicancia* conforme el artículo precedente examinará si la causa legada es o no legal".

(Artículo 111 del Código de Procedimientos).

Impresionable. – Lo usamos por sensible.

Improsulto, ta. – Así como tenemos *non plus ultra*, con que significamos que nada hay mejor que aquella cosa cuyas cualidades ponderamos, de una manera análoga hemos formado a *in plus ultra*, convertido en *improsulto* por nuestro pueblo, conque expresamos la idea contraria a la que metafóricamente damos a aquella locución latina.

Incrementar. – Vale acrecentar.

Independer, independizar. – Cualquiera de estos verbos usamos en lugar de emancipar, salir una persona a un pueblo de la sujeción en que estaba. Los que más hacen ostentación de aquellos verbos son los oradores del 15 de septiembre, fecha en que se celebra la independencia de la América Central.

Indiada. – Muchos indios. Esta misma acepción tiene en varias Repúblicas de Sudamérica.

Indígena. – Don Eugenio de Tapia, tan buen jurisconsulto como atildado hablista, dice que indígena es "casta americana que componen los indios originarios del país, provincia o lugar de que se trata, no mezclados con otros".

(Febrero Novísimo, Tomo 8°., página 99).

En esta acepción usamos nosotros aquel vocablo, contra el parecer de la Academia. Así es que refiriéndose a los aborígenes de América, decimos *raza indígena*, de la que excluimos, por supuesto, no solo a los descendientes de españoles sino también a los mestizos.

Indino, na. – Vale astuto, picaruelo. Esta no es palabra corrupta sino un arcaísmo. El bajo pueblo de España dice *endino*.

> "Juan Lesmas". – "Presente estoy
> Para al de algún *endino*
> Que habrá de escucharme hoy;
> Y declaro que me voy
> Si no se escomienza el vino".

(El Curioso Parlante. – Escenas Matritenses).

Influenciar. – De reciente importación en nuestra tierra es el verbo galicano *influenciar*. Nuestros antepasados siempre dijeron *influir*.

Infundia. – Corrupción de enjundia.

Íngrimo, ma. – Adjetivo que significa solo. *Se fueron las fulanas a hacer una visita y la zutana se quedó ÍNGRIMA en la casa.*

Ingüente. – Todavía de tarde en tarde oímos decir *ingüente* por ungüento, como se dijo cuando escribió Baena su *Cancionero*.

> "E con este *ingüente* mucho valdría
> El Alcatenes de grante contrición".

Inoficioso, sa. – El Diccionario de la Academia solo da a este adjetivo significación forense; pero el de Salvá dice que nuestro vocablo expresa la idea contraria a *oficioso*. En este sentido lo usan en Honduras y en otras partes de América.

"El verdugo es el primer ministro de un gran príncipe, dicen los secuaces de Hobbes y Puflendorf; los primeros ministros de una gran nación deben ser las virtudes, imperando las cuales, el verdugo vendría a ser personaje *inoficioso*".

(Montalvo. – Catilinarias).

Inquieto, ta. – Es curiosa la acepción que tiene en Honduras *inquieto*. Sustituye también a *inclinado*, que toma hasta el régimen de este. *Los hijos de Fulano de Tal son INQUIETOS al juego, al trago y al pleito.*

Inquirriado, da. – Aplícase a la persona muy alegre, o a la que le gusta hacer el amor o que se lo hagan.

Inscribir. – Extender en los libros del registro del estado civil de las personas las actas en que consten los nacimientos, defunciones, matrimonios y reconocimientos de hijos naturales, actas que según la ley son la prueba del respectivo estado.

Insoria. – Adjetivo que se usa en el trato familiar, y que vale sobresaliente, tratándose de las malas cualidades de la persona o animal a que se aplica.

Inspectoría. – Con esta palabra han encabezado y encabezan los inspectores de Policía sus providencias; vale inspección. Es difícil que desaparezca este barbarismo, que encontramos aún en los formularios de la *Cartilla Forense* del jurisconsulto hondureño señor Ariza Padilla.

Interfecto. – A raíz de haberse promulgado los códigos patrios, comenzaron a circular unos pocos ejemplares de los *Comentarios* al Código Penal español, escritos don Salvador Viada y Villaseca. En los extractos que de las sentencias del Supremo Tribunal de Justicia de la Península se encuentra la palabra *interfecto, por muerto de muerte violenta, o matado*, cuando decimos nosotros. El tal vocablo, que no es muy común en Honduras, creíamos que era un neologismo inventado por los curiales; y más nos confirmábamos en esta creencia, al no aparecer dicha palabra en el Catálogo de la Academia. Sin embargo, hoy que hemos leído un poco más, hemos cambiado de parecer, hasta el punto que se nos ocurre que *interfecto* es más bien un arcaísmo. Hace sobre cuatro siglos que en España se decía

102

interfector por asesino o matador; y de *interfector* a nuestro *interfecto* no hay ni un paso.

Intratar. – Entre cierta gente vale insultar, injuriar.

Inyectado, da. – Algunos léxicos abonan el uso que hacemos de este adjetivo. Se aplica en medicina a lo que está muy coloreado en rojo por el aflujo y acúmulo considerable de sangre en los vasos capilares venosos, y así se dice: cara *inyectada*, ojos *inyectados*.

Ipegüel o Lipegüe. – Lo mismo que chascada.

Ir a mano volteada. – Es celebrar el contrato innominado de hago para que me hagas, hacer un oficio por otro oficio.

Irse. – El Diccionario no dice que los líquidos, como el álcali, o sólidos, como el alcanfor, *se van*, sino que se evaporan. – En ciertos juegos de naipes, perder, o hacer los puntos necesarios para ganar. *Írsele a uno el pájaro* es estar uno ido.

Iyayo. – En los pueblos del Sur de Honduras y entre personas de confianza, dádiva que se pide al que está alegre por haber recibido alguna buena nueva, o por otra causa semejante.

Izcanal o guascanal. – Leguminosa, cuyas espinas tienen la forma de dos cuernos. Es palabra de origen mejicano.

Izote. – (Yucca gloriosa). *Iozotl*, azteca. Es una especie de palma de monte y muy alta, cuyo tronco por lo común es doble. Las ramas tienen la figura de un abanico, y las hojas la de una espada. Las flores son blancas y olorosas, y con ellas se hace una buena conserva.

J

Jaba. – Aparato en forma de cajón, hecho de tablillas separadas de otras y relleno de paja, en el cual vienen del extranjero la loza y porcelana. Leemos en la *Historia* de Oviedo, que a unas cestas con tapaderas ligeras llamaban *habas* en la Isla Española y en otras partes *patacas*, las cuales se hacían de *bihao*.

Jabón. – Dan este nombre los mineros a una arcilla untosa que tiene magnesia.

Jabón vegetal. – El que se hace de materias vegetales, a diferencia del otro que se confecciona en el país con sustancias animales. Se saponifican las almendras del *aceituno, negrito o talchocote, piñón o tempate, manzanilla* e higuera, lo mismo que el *zapoyolo*. La industria de *jabón vegetal* es común en los pueblos del Sur de Honduras.

Jabonera. – Jabonería.

Jacha. – Nombre que familiarmente se da a los dientes, en especial a los grandes y feos. Esta palabra es una corrupción de hacha.

Jachado. – Aplícase al que tiene una gran cicatriz en la cara a consecuencia de una herida que recibió con arma cortante.

Jagüilla. – (Sus Americensis). Variedad de puerco silvestre.

Jalar. – Corrupción de halar; significa hacer el amor.

Jalado. – Ebrio o *bolo*. (Véase esta palabra).

Jama. – Iguana más pequeña que la común, que abunda en el valle de Olanchito y es un alimento muy apreciado de los moradores de aquellos lugares.

Jamaquear. – Mover con violencia una cosa, sacudirla. Se aplica también a las personas. Es derivado de hamaca.

Jambar. – Verbo vulgar que tiene la acepción de comer. Es adulteración de jamar.

Jane, janiche o jeniche. – Lo mismo que *bichín*, tratándose de personas o animales.

Jarana. – Deuda, *cacalota*. Los muchachos en sus juegos llaman *jaranero* al que se vale de engaños para ganar o al que busca pretextos para no pagar lo que debe. *Jarana* es corrupción de arana, o de harana, como dice Garcilaso:

"Voto a tal, que pues Madalena de la Cruz (el licenciado Gasca) se fue en secreto, que nos ha hecho alguna *harana*".

(Comentarios Reales).

Jate. – Planta parásita, pequeña, que se cría en las montañas; la hoja tiene figura de lanza, es carnuda y un tanto aromática. La tintura preparada con las hojas obra como la de árnica, interior y exteriormente. – Cucaracha más chica que la común.

Jején. – Especie de mosquito que abunda en toda América, particularmente en los países cálidos y en las orillas de los ríos. Es muy pequeño, y tan incómodo por su picadura como por el ruido que hace.

Jeruza. – Vulgarmente se da este nombre a la cárcel.

Jíbaro, ra. – Para la Academia es campesino silvestre; para nosotros es persona bien desarrollada, la que es alta, gruesa y vigorosa. En *Cumandá* está escrito con *b*, y es el nombre que tiene una tribu ecuatoriana.

Jícama. – (Dolichos tuberosus). *Xicama* o *xicamatl*, azteca. – Una raíz muy dulce que se come cruda.

Jicaque. – Miembro de una de las pocas tribus de aborígenes que existen en los departamentos de Tegucigalpa, Comayagua, Yoro, Cortés, Olancho y Colón, de Honduras. – Huraño.

Jícaro. – (Crescentia alata). Árbol de regular tamaño. Hay dos clases: unos que producen un fruto oblongo, de cuya cáscara se hacen las *jícaras*, y otros que tienen el fruto esférico, y por eso se llaman morros. La horchata de las semillas de los morros cuando están maduros, además de ser agradable, es provechosa en las irritaciones del pecho.

Jicote. – *Xicotli*, azteca. – Cierta abeja gruesa y negra, excepto el vientre, que es amarillo. – El panal de esa misma abeja.

Jilote. – *Xilotl*, azteca. – Mazorca de maíz tierno o cuyos granos no han cuajado. – Rubio encendido.

Jimerito. – Abeja muy pequeña, y el panal que ella fabrica.

Jinetear. – Domar los caballos cerriles, montándolos. – Subir en un toro.

Jiñicuite. – *Xioquauitl*, azteca. – Este árbol, conocido también con el nombre de *indio desnudo*, es notable por su tronco enteramente

105

liso y de color de almagre. La decocción de la corteza presta mucha ayuda contra las hidropesías, y la raspadura del tronco descortezado sirve parar estañar la sangre de las heridas.

En una nota que hay en la traducción española de los *Apuntamientos* de Squier encontramos *jiñicuite*; en la *Flora medicinal de Honduras* leemos *ginicuite*; y en el *Honduras Industrial* se clasifica el *palo-jiote* entre las terebintáceas o ancárdeas. A las claras *palo-jiote*, que es el mismo *jiñicuite* o *jinicuite*, es una traducción españolizada de *xioquauitl*, con lo que se confirma la etimología que hemos dado a la palabra que estudiamos. Rémi-Simeón dice que este árbol es una especie de copal. (Terebintus americana).

Jiote. – *Xiotl* o *xiyotl*, azteca. – Herpe: enfermedad cutánea.

La palabra indígena *xiyotl* ha sufrido una alteración fonética: *jiñote* dicen nuestras mujeres al maíz cuando por poca ceniza en el cocimiento, no *peló* el grano o no cayó el pericarpio o telilla que lo cubre.

Jipato, ta. – Persona pálida, descolorida.

Jiquilite. – *Xiuhquilitl*, azteca. – Arbusto al que la Academia llama *jiquilete* y del cual se extrae la tinta conocida con el nombre de añil. Cultivan por mayor el añil en los departamentos de La Paz, Intibucá, Gracias y Copán, de Honduras.

Jobo. – Ciruela americana, montés. La gente pobre come la cáscara del árbol que produce ese fruto, machacada y cocida, como *tortilla*. La misma cáscara sin cocer es astringente y cura la disentería.

Jocote. – (Spondias myrobolanus). *Xocotl*, azteca. – Ciruela americana. Las hay de varias clases. Las de principio de invierno son las que con propiedad se llaman *jocotes*.

Jocotero. – Aguacero que cae ya para principiar la estación de lluvias. Con los *jocoteros* se maduran los *jocotes*.

Jololote. – Rancho de varas provisional.

Jolote o chumpipe. – (Melsagris gallo-pavo). *Huexolotl*, azteca. – Gallinácea a la que los naturalistas dan el nombre de *pavo*. La palabra *chumpipe* es onomatopéyica.

Chumpipe de la fiesta es el individuo que sale perdiendo en algún lance o el que *paga los elotes*. Equivale a la locución española *ser la vaca de la boda*:

"No tienen más que hacer sino tomar una gran piedra, y atármela al cuello, y dar conmigo en un pozo, de lo que a mí no pesaría mucho, si es que para curar los males ajenos tengo yo de *ser la vaca de la boca*".

(Cervantes. – Don Quijote. – Parte II, capítulo LXIX).

Jondable. – Así pronuncian los habitantes del campo el adjetivo hondable cuando le dan la acepción anticuada de hondo, refiriéndose a los terrenos.

Josefa. – Entre algunos campesinos, alimento.

Juancagado. – Ave de la familia del buho, cuyo canto parece imitar su propio nombre.

Juanetes. – Las caderas.

Juan Gómez, tú te lo das, tú te lo comes. – Refrán con que en cierto modo se censura a la persona que habiendo dado una cosa, dispone después de ella.

Juárez. – No esperen nuestros lectores que aquí vengamos a hablarles de Benito Juárez, que bastante hizo en Méjico para que sea conocido dentro y fuera de su patria, por republicanos e imperialistas. No, nos referimos a otro Juárez, que no sabemos si fue hondureño, aunque si afirmamos que debió de haber sido un sabio, más que don José Cecilio del Valle. Si a una persona se le pregunta algo en el diálogo familiar, y no halla qué responder, dice: "*Sepa Juárez*". Si otra no puede dar con la verdad de varias noticias encontradas: "*averígüelo Juárez*". Luego el tal Juárez no ha de haber sido cualquier cosa, sino un pozo de ciencia. No pocas veces "*sepa Juárez*" es una evasiva para no contestar una pregunta.

Juco, ca. – *Jococ*, azteca. – Agrio. Se aplica principalmente a los alimentos o líquidos cuando comienzan a entrar en fermentación.

Judas. – Aunque en el Léxico de la Academia solo aparece con la acepción de traidor, alevoso, también significa *travieso*, especialmente cuando se aplica a los muchachos. Recordamos que en la *Gramática de la Lengua Castellana*, de don Mariano Velásquez de la Cadena, hay un ejemplo que dice: "*Ese muchacho es un Judas*".

Judicatura. – Sitio en que se juzga; juzgado.

Judío. – Judas.

Juico, ca. – Sordo. – Zonto.

Juilín. – *Xoulín*, azteca. – Cierto pescado chico: *bagre*. (Véase esta palabra).

Jugar las chivas. – Se *juegan las chivas* haciendo una *partida* final, en que el perdidoso se obliga a pagar los derechos de billar de todas las *mesas* o partidas jugadas anteriormente.

Juma. – Borrachera, por alusión al humo o espíritu del licor que causa la embriaguez.

Jumazo. – Corrupción de *humazo*. Humo fuerte, aunque en pequeña cantidad; pero no cualquier humo, sino el que por los ingredientes de la combustión, produce en la persona que lo recibe un sueño tan pesado, que lo incapacita para sentir lo que pasa en sus inmediaciones.

Junacate. – *Xonacatl*, azteca. – Especie de cebolla con olor a ajo, que se cría en las montañas y que los campesinos utilizan en condimento de la olla.

Junco. – *Jipijapa:* paja fina, flexible y de larga duración, de que tejen sombreros y cigarreras los laboriosos habitantes del departamento de Santa Bárbara.

Jupa. – La cabeza de una persona. *A fulano le dieron una pedrada en la JUPA. Jupazo* es golpe dado con piedra, palo u otro cuerpo semejante, en la cabeza.

Jurumela. – Corrupción de *huronera*. Pieza sucia, pequeña y obscura.

Justiciable. – Sujeto a la justicia.

Jute. – Nombre de un molusco fluvial, en forma de caracol. – Úlcera inveterada que se forma a veces sobre el tobillo. – *Jute* o *masica* significa también un árbol de las montañas, que produce unas frutas pequeñas y esféricas, las cuales, en tiempo de escasez de maíz, se cuecen con ceniza, y sin otra preparación, constituyen un saludable alimento.

L

Labiosa, sa. – Se dice que es *labiosa* la persona que tiene gracia o labia para hablar y para conseguir lo que desea.

Ladrillete. – Juego de muchachos, que consiste en arrojar en un paraje enladrillado una moneda hacia arriba; y gana aquel cuya moneda cae más al centro del ladrillo.

Ladrillo de rafa. – Ladrillo rectangular, de nueve pulgadas de largo y tres y media de ancho.

Lagarto, ta. – Se dice de la persona que en los negocios, valiéndose a veces hasta de medios reprobados, saca o procura sacar la mayor utilidad posible.

Lagunato. – Lo mismo que lagunajo.

Laja. – Sustancia terrosa, blanquizca, que sirve a las mujeres para fregar los trastos de cocina.

Lajear. – Apedrear.

Lama. – Musgo: plantas muy pequeñas y apiñadas, que casi siempre conservan su color verde y que se crían sobre los peñascos de las montañas o de lugares fríos. Sirven de adorno en los nacimientos.

Lamber. – Verbo anticuado, que está más conforme con su origen latino que el moderno *lamer*, que lo sustituye.

Lambisquear. – Buscar el muchacho, dentro de una casa o en la ajena, golosinas, migajas o sobras para comérselas. Indudablemente este verbo es una corrupción de lamiscar, que vale lamer con prisa y con ansia, aunque se ha extendido su significación primitiva.

Lana. – Persona de la ínfima clase social; canalla.

Lanceros. – Nombre de un baile que dice el señor Batres ser el rigodón.

Lanilla. – Lana: hilo de esta materia con que se borda el cañamazo.

Las siete que brillan. – Las siete cabrillas.

Lastar. – No significa suplir lo que otro debe pagar, sino *gastar* o pagar sin esperanzas de reembolso.

La acepción que en Honduras le damos a lastar la autoriza el siguiente pasaje de Cervantes:

"Bien puede, señor, respondió a esta razón Sancho; bien puede tener las riendas a su yegua, porque nuestro caballo es el más honesto y bien mirado del mundo; jamás en semejantes ocasiones ha hecho vileza alguna, y una vez que se desmandó a hacerla la *lastamos* mi señor y yo con las setenas".

(Don Quijote. – Parte II Capítulo XVI).

Laste. – Está *laste* un líquido que contiene principios sacarinos o alcohólicos, cuando comienza a entrar en descomposición.

La sucia, la Llorona. – Antes del año de 1847, fecha en que se fundó la Universidad del Estado, y aun algún tiempo después, era frecuente que en las noches en que más resplandecía la claridad de la luna, se apareciera a nuestros mayores que andaban en cosas *non sanctas* en los arrabales de la capital, *la sucia* o *la llorona*, que estos nombres se daban a una mujer que, ya con vestido musgo, ora con blanco, se les presentaba y, excitando su curiosidad, los traía a lo más despoblado, en donde se reía de ellos a carcajadas o lloraba a grito herido. Visto lo cual por el curioso, de quien ya se había apoderado el miedo, tenía a bien huir desesperadamente.

Latido. – Nombre que se da a todo *ladrido*, aunque el perro no vea ni siga la caza. Abona la acepción que damos a este término el que en el Diccionario latir significa también ladrar.

Lavadero. – Lugar de los ríos o arroyos auríferos, en donde, por medio de una batea, se recoge el oro que está mezclado con arenas comunes. – *Lavaderos* o *placeres* son también los depósitos de sustancias metalíferas.

Por lo demás, nuestro *Reglamento de Policía* distingue bien los *lavaderos y lavanderos*: lavadero es lugar donde se lava, y lavandero el que lava, términos que nosotros confundimos, dando a este último la acepción del primero.

Lavamanos. – Lavabo: el servicio de lavarse, con todos los enseres necesarios para la limpieza de la persona.

Lavaplato. – Planta cuyas hojas sirven como de jabón para lavar trastos mantecosos.

La vieja. – Ser fantástico que, al solo oír pronunciar su nombre, los niños se llenan de pavor, porque se la figuran capaz de causarles cualquier daño. *La vieja* está en todas partes, y, lo que es peor, siempre dispuesta a concurrir al llamamiento que se le haga; por consiguiente, es la amenaza ante la cual se doblega la rebeldía infantil. "*¿No quieres dormirte?*" dice la madre al muchacho, "*pues te dejo solo y que venga la vieja o nana chula* (también tiene este nombre) *a llevarte*"; al oír esto el niño, se arrebuja en la ropa de cama y pronto se queda dormido.

Lazo. – Entre las varias acepciones que da la Academia a este término, no está la de cordel de mezcal, que es la única que tiene en Honduras. El *lazo* sirve para diferentes usos.

Lebello. – Cangrejito marino, más grande que el *chirinos*.

Lechera. – Se aplica a los animales que dan mucha leche. *Esa vaca josca es muy LECHERA.*

Leer tupidito. – No dejar palabra ni renglón por leer.

Lele. – Corruptela de lelo: epíteto que se aplica a las personas tontas, insulsas, simples o como pasmadas.

Lenco, ca. – Tartajo, tartamudo.

Squier llama *lencas* a los aborígenes que habitan en el departamento de San Miguel, Estado del Salvador, y en los de Comayagua, Choluteca, Tegucigalpa y parte de los de Olancho y Yoro, incluyendo las islas de Roatán, Guanaja, etcétera.

Lengua Malespina. – Tal es el nombre que tiene la que resulta de cambiar doce letras en las palabras españolas. Se habla y se escribe. Se asegura que su inventor fue el general Malespín, natural de Nicaragua, militar aguerrido, diestro jinete y terrible lancero; la batalla célebre de este general fue el sitio de León, el año de 1845. Esta lengua era la clave por medio de la cual el que se dice inventor de ella se comunicaba verbalmente y por escrito con sus jefes y soldados.

Las letras que se cambian son:

a, b, f, i, l, m
por
e, t, g, o, ll, p,

Y recíprocamente.

Va una muestra en *lengua malespina*:

Malespín

> Edois ba doca
> Quoan goni ba epe,
> O bu ni ofnires
> Cipi sa lepe.

Traducción

> Adiós te dice
> Quien fino te ama.
> Y tú no ignoras
> Cómo se llama.

Malespín

> Un mejeroli
> Brosta, Lirendi,
> Suta é su nodi
> Soapmra cenbendi.

Traducción

> Un pajarillo
> Triste, llorando,
> Sube a su nido
> Siempre cantando.

En aquel entonces, poseer esta clave era un misterio.

Lengüeta. – En los botines abiertos adelante, por otro nombre *ahorcados*, se llama *lengüeta* la tirita de cuero que, sujeto al forro del zapato, impide que, ajustado este a la garganta del pie, se vea el calcetín o la media.

Lengüetear. –Hablar mucho, especialmente cosas insustanciales.

Leñatero. – Lo mismo que leñador.

Leñazo. – Golpe dado con un leño.

Leontina. – Cadenilla de reloj de bolsillo. Tiene la misma acepción en España.

Leopoldina. – Cadenilla pendiente del reloj de bolsillo.

Lépero, ra. – Vale pícaro, bribón, *lana*. (Véase esta palabra).

Lesquín. – Liquidámbar.

Leva de taller. – *Leva de talle,* o *leva traslapada*, o simplemente *traslapada,* o *coyota*, es el traje que el Diccionario de la Academia llama *levita*.

Levante. – Nuestro provincialismo *hacer un levante*, es *levantar*, en la acepción figurada que tiene este verbo de *atribuir, imputar maliciosamente una cosa falsa*.

Liboria. – Vientre abultado.

Librillo. – Una de las cuatro cavidades que componen el estómago de los rumiantes.

Licoca. – El hilo se hace *licoca* cuando se enreda o enmaraña. Nuestro término es la palabra *coca* con la sílaba *li* demás.

Licurgo. – Ladino, *tinterillo*.

Limatón. – Madero que en las casas de culata va de uno de los ángulos de la casa a la cumbre o puente.

Limoncillo. – Árbol que da una madera amarilla, excelente para embutidos.

Limpiamanos. – Toalla: lienzo, por lo común de gusanillo, para limpiarse y secarse la cara y las manos.

Lindero. – El hito o mojón que señala los límites de un terreno.

Linó. – Vale linón.

Líquido, da. – Usamos de este adjetivo para ponderar la exactitud de la cuenta de las cosas que se pesan o miden. *Líquidas tres varas de género me dio Ud. para el vestido*; quiere decir que no iba ni una pulgada, ni una línea más de las tres varas de tela. – Churriado.

Lislique. – Cierta ave pequeña, de garra.

Lona. – Planta semejante al *suyate*. Habita en las montañas, y su raíz, cocida con ceniza, sirve de alimento a los aldeanos en tiempo de escasez de maíz.

Lora. – Ave que el Diccionario llama papagayo.

Loro. – Especie de papagayo, más pequeño que la *lora*.

Los apretados. – Los infiernos.

Lotería. – En el juego casero de este nombre, el que apunta un número tiene *virgo*, si apunta dos de la misma línea horizontal, *ambo*, si tres, *terno*, y si cuatro, *capilla*. Según la Academia, en la lotería primitiva se usaban las voces ambo y terno.

Lujar. – *Lujar* las botas y zapatos, es en español lustrar estas prendas.

Lupia o brujo. – Persona que cura con palabras misteriosas y con brebajes que confecciona de plantas que él conoce.

LL

Llenarse. – Untarse, emplastarse. *Tengo las manos LLENAS de tinta*.

Llevarse candango una cosa. – Llevarse la trampa una cosa. Se dice también de las personas.

M

Mable o maule. – Juguete de los muchachos, que consiste en una esfera pequeña, de loza o de cristal, listada.

Macacinas. – Zapatos burdos, sin tacón, hechos de cuero del país y cosidos con unas correchuelas del mismo cuero. Se usan mucho en los departamentos del Norte del Estado.

Macaco. – Moneda macuquina, con valor de un peso.

Macoyo. – Para la Academia termina en *a* este nombre, que significa conjunto de pies o tallos nacidos de un mismo grano.

Machetear. – Causar heridas o dar golpes con un machete.

Machete taco o calabazo. – Machete corvo que usan nuestros labradores para cortar el monte.

Machigua. – Lavasas: el agua con *chingaste* de maíz en que se ha lavado el metate o piedra de moler.

Macho. – Entre los niños significa un pedazo de tortilla amasado con queso.

Machote. – *Machiotl*, azteca. – Borrador, dechado, modelo.

Machucón. – Significa lo que para la Academia machucadura.

Madeja. – Semoviente de los que están bajo el dominio del hombre.

Madre cacao. – (Robinia pseudo acacia). Árbol de la familia de las leguminosas, que se planta contiguo a los cacaos y cafetos para que les dé sombra. Es un veneno activo contra los ratones.

Madre de culebra. – (Mantisa religiosa). Insecto pequeño, ortóptero, corredor, inofensivo. También le dicen *ponemesa, quiebra palito*. Su nombre científico es *manta*.

Madrina. – Cualquier animal manso a que se ata otro cerril para domarlo. – Mula que con una campanilla o cencerro al pescuezo va delante sirviendo de guía a la recua.

Mafia. – Fiesta religiosa que celebran los morenos de la costa Norte para elevar sus preces al Espíritu maligno. Antiguamente en esta festividad sacrificaban un niño, cuyo cadáver colocaban en el centro de la sala de una choza, y luego bailaban en derredor entonando canciones al Espíritu. Regularmente duraba hasta tres días sin descansar.

Magnesio. – Nombre de un metal.

Maicillo. – Gramínea semejante al mijo. El fruto es muy nutritivo, y el *chilate* y *tortilla* que de él hacen, constituye a veces el único alimento de algunos pueblos de la raza aborigen.

Malacate. – *Malacatl*, azteca. – Huso: instrumento manual, compuesto de una rodaja o tortero, regularmente de madera, por el centro del cual pasa un palito redondo con sus extremidades terminadas en punta. Sirve para hilar torciendo la hebra.

Malagradecido, da. – Hay tantas personas *ingratas*, que con frecuencia oímos pronunciar aquel término, que debe sustituirse por el segundo.

Mala hierba. – (Euphordia petiolaris). Arbusto extremadamente caustico, que causa mucho perjuicio a las caballerías. Cuando la bestia pone en contacto el ojo con la hoja de esta planta, contrae una enfermedad que puede dar por resultado la pérdida de aquel órgano.

No se referiría a este arbusto el señor Bretón de los Herreros cuando puso en boa de una coqueta la siguiente estrofa:

> "Los hombres son *mala hierba*,
> El más fiel no está seguro;
> Por eso siempre procuro
> Tener tropa de reserva".

Malcriadeza. – Del adjetivo *malcriado* hemos formado el sustantivo abstracto *malcriadeza*, que equivale a malacrianza.

Maleta. – Es un *cualquiera*, que por sus malos comportamientos no merece que se le guarde ninguna clase de consideraciones. – Lío más largo que ancho, hecho en una vaqueta, encerado, etc., que le sirven de cubierta.

Maletero, ra. – El criado que en los caminos lleva la maleta. – La caballería en que monta el criado que lleva la maleta.

Mal haya sea. – Se dice que esta imprecación no es castiza, por estar demás el *sea*. Nosotros la usamos como la usa Núñez de Arce:

> "Lo siento. ¡*Mal haya sea*
> mi memoria!

> (Quien debe paga).

117

Maluco, ca. – Tan bueno es nuestro *maluco* como el académico malucho. En Díez encontramos la primera de estas formas.

Mallugar. – Alteración de magullar.

Mamama. – En algunas poblaciones, abuela.

Mamar. – Obtener gangas de los gobiernos. También se dice *chunguiar*. (Véase esta palabra).

Mamelucos. – Calzón muy ancho y ceñido por la parte inferior, que usaban los niños. Antes formaban una sola pieza con la blusa.

Mamplora. – Sodomita. – Hermafrodita. – Rústico.

Mamotreto. – Tiene la significación de armatoste.

Mampuesto. – Objeto que hay o que se pone delante y en que se apoya una arma de fuego, con el fin de que el tiro sea más seguro. Dice Monlau que la sílaba *man* es apócope de *manu*; pero nos parece que más bien es una corrupción de *ante*, como el mismo autor afirma explicando la etimología de *manguardia*.

Aunque no con la significación que nosotros damos a *mampuesto*, aparece como palabra anticuada en la 8ª edición del Diccionario de la Academia.

Del modo adverbial de *mampuesto*, que se halla en algunas obras antiguas, hemos tomado la acepción que le damos en Honduras a vuestro vocablo, si es que no se lo ha tenido en la Península:

"Uno de ellos (soldados), cuyo nombre se me ha ido de la memoria, que era arcabucero e iba en una yegua, quiso hacer un buen tiro con su arcabuz, no considerando bien el peligro a que se ponía; apeóse de su yegua, Púsose tras un peñasco por tirar *de mampuesto* y no perder su tiro: empleólo bien, que delante de Carvajal mató un buen caballo".

(Garcilaso. – Comentarios Reales).

Mamusear. – Recoger lo último que ha quedado.

Manaca. – Cierta palma que sirve para cubrir por fuera los techos de las casas de la gente pobre de los pueblos y aldeas de las costas.

Mancuernillas. – Los dos botones iguales de los puños de la camisa.

Manchonero. – Persona que trabaja el jiquilite.

Maneto, ta. – Aplicase a la persona o animal que tiene algún impedimento en las manos, por lo que no puede servirse bien de ellas. En Colombia solo se aplica a los cuadrúpedos.

Manga. – Manta de jerga con que se cubren algunas personas de las aldeas. Las *mangas* son importadas de la República de Guatemala, que es donde las fabrican.

Manganeta. – Manganilla: engaño, treta, sutileza de manos.

Manillas. – Las dos extremidades de la hamaca, sin tejer, comprendidas entre la red y los cordeles con que se afianza aquella.

Mano. – Jugada: acción mala e inesperada contra uno. – Tratándose de cosas que se venden, equivale a cinco: *una mano de coyoles*. – Algunas veces significa reunión de cosas unidas, como en *una mano de plátanos*, que son regularmente más de cinco. – Aféresis de hermano: tratamiento de confianza que se dan algunas personas del pueblo.

Manteado. – Cobertizo de lona o de cualquier otra tela; tienda de campaña.

Mantención. – Lo usamos por manutención.

Mantequilla. – Manteca: la sustancia crasa y oleosa de la leche.

Mantilla. – Hombre cobarde. – En el *fusilico*, no hacer un punto, pero sí dos figuras. – En los bailes le dan *mantilla* a la mujer que sacan a bailar una sola vez.

Mantillón. – *Gualdrapa* tan gruesa que con ella no hay necesidad de sudaderos. (Véase Gualdrapa).

Mantudo. – Mojiganga: persona enmascarada y disfrazada.

Manudo, da. – Epíteto que damos a los campesinos: *penco, bayunco*.

Manzana. – La nuez de la garganta.

Manzana rosa. – (Eugenia jambos). Árbol grande, de la familia de las mirtáceas, propio de las montañas o de los lugares fríos; y la fruta que produce el mismo árbol. Esta es muy agradable al paladar, y al olfato por el olor que despide.

Mañoso, sa. – Se dice de la persona que tiene la maña de robar.

Mapachín. – Especie o variedad de tejón. Se alimenta principalmente de granos; de tal modo que si una manada de estos animales encentra una milpa, puede en pocos días dar fin con todos los frutos, siendo el dueño de esta un poco descuidado. Creemos que nuestro *machapín* es el *mapach* de los mejicanos, de que nos habla Clavigero.

Maquila. – Medida de peso, que equivale a cinco arrobas.

Marañón. – (Anacardium occidentale). Árbol que el Léxico de la Academia describe bajo el nombre de anacardo.

Mariposa. – Tronera, en la tercera acepción que tiene en el Diccionario de la Academia.

Maritates. – Muebles despreciables, trebejos, trastos.

Marocha. – Muchacha sin juicio, locuela.

Maroma. – Función de volatines.

Maromear. – Columpiarse en una hamaca o soga atada de sus extremidades.

Marquezote. – Pasta de harina o de maíz, con hubo, azúcar, etc., cocida en horno, a la cual se le da la forma de rombo.

Martajar. – Quebrantar una cosa, como el maíz.

Mascadura. – Pan, acemita, pudín o cualquiera otra masa de harina, cocida en el horno, que sirve para tomar café o chocolate. También a la *mascadura* se le dice *con qué beber*.

Mascón. – Especie de paste, y en general, cualquiera otra materia que presta igual servicio.

Matacán. – Es el ternero grande y gordo. – Muchacho que ha llegado a la pubertad.

Matado. – Siempre usamos este participio para formar con *haber* los tiempos compuestos, cualquiera que sea la acepción que debemos al verbo matar. *Dicen que han MATADO a Pedro.*

Resuelven los gramáticos, que *matar* para sus tiempos compuestos tome prestado de *morir* su participio *muerto*, cuando se quiere expresar la idea de dar muerte; pero Alarcón y nuestro pueblo no entienden de semejantes préstamos, porque son innecesarios:

"¡Yo!... –exclamó la muerte de cierto terror sarcástico–. ¡Dios me libre!... Yo no le *he matado*... Él se ha muerto".

(El Amigo de la Muerte).

Maturranga. – Coger a uno en la *maturranga*, es sorprenderlo en el acto de ejecutar una picardía.

Mazacuate. – (Constrictor). Culebra bastante grande, a la que atribuyen la propiedad de atraer con el aliento los animales para devorarlos.

Matagusano. – Conserva que se hace de corteza de naranja o toronja de miel *de rapadura*.

Matapalo. – Parásita que se cría en las ramas de los árboles, y que produce unas flores rojas, inodoras. En el Ecuador el *matapalo* es árbol.

Matasano o zapote blanco. – (Casimiroa edulis). Árbol que produce una fruta agradable al paladar de algunas personas. Las hay de varias clases.

Matate. – *Matatl*, azteca. – Red en forma de bolsa, hecha de cabuya, que sirve a los labradores para el acarreo de frutos y para otros usos.

Matatús. – Golpe que un muchacho da en las manos de otro, en son de juego, para arrebatarle la golosina o cualquiera otra cosa que en ellas tiene.

Matiary. – Árbol cuyo tronco y ramas son espinosas. Las hojas tienen propiedades emolientes.

Matropa. – Mal de madre.

Mecatazo. – Golpe dado a una persona, con látigo, espada, palo, etcétera. El término mejicano *mecatl*, de donde se deriva esta palabra, tiene la acepción de látigo.

Mechudo, da. – Aplícase al que tiene el pelo en forma de mechas y muy largo.

Media agua. – Construcción de casas en que una de las paredes es más alta que su correspondiente opuesta. De este modo las aguas lluvias corren a un solo lado; mientras que cuando hay caballete, este divide las aguas.

Melcocha hecha. – La que ya no está correosa.

Melga. – Entre labradores, parte pequeña de un trabajo inconcluso. Ha de ser una adulteración de mielga.

Memela. – Tortilla de masa de maíz con cuajada y panela, cocida entre hojas frescas de plátano.

Mengala. – Mujer soltera y joven de la clase media.

Mentidero. – Nombre que antes se daba a las pulperías o tiendas donde se venden comestibles.

Mesero, ra. – Refiriéndose al ganado vacuno o caballar, se aplica al animal que no ha cumplido un año de edad.

Mesino, na. – Aunque la fisiología y los clásicos digan *sietemesino*, nosotros hablamos como oímos hablar a nuestros mayores, y estos siempre dijeron *mesino*.

Meter uno su cuchara. – Meter uno su cucharada.

Metido, da. – Entrometido.

Mezquinar. – Obrar con miseria, con ruindad.

Mezquino. – Verruga que se forma en las manos y pies de algunas personas.

Mica. – La hembra de la culebra *zumbadora*. Muy brava es la *mica*, y hay que cuidar de no aproximársele, so pena de unos *sendos cuerazos*.

Micada. – Como los micos son los monos del Nuevo Mundo, decimos *micada* en vez de monada.

Mico. – Hasta ahora habíamos creído que el hombre era el único animal bimano; pero el gracioso mono hondureño de este nombre nos ha sacado de tamaño error. Tiene el animalito a que nos referimos las extremidades perfectamente conformadas en manos.

Migueleño. – Descomedido, descortés.

Mingo. – Cualquier objeto pequeño que ponen los muchachos de blanco para tirar a él con piedras.

Minguí. – Chicha, bebida fermentada.

Ministro de fe. – Empleados que hay en los tribunales de justicia, autorizados por la ley para dar fe de los actos que pasan ante ellos. En un sentido lato es *ministro de fe* el notario público.

Mirruña. – Pedacito de un alimento.

Mi sules. – Lo mismo que mi *alférez*, (Véase esta palabra).

Mobiliario. – Mueblaje, tanto en Honduras como en España:

"...con otros muchos objetos
De equívoca producción
Que forman el *mobiliario*
De Mademoiselle Sans-Clos,
Entréganse y adjudican
Al respectivo acreedor".

(El Curioso Parlante. – Tipos y Caracteres).

"La dote que en dinero, prendas de vestir y *mobiliario* aporta la mujer al matrimonio".

(Eguílaz y Yanguas. – Glosario).

Moca. – Esta palabra, que parece ser el adverbio azteca *moca,* mucho, la usan los muchachos en el juego de *pacones*. Dicen ellos que hacen *moca* cuando logran meter en el hoyo todos los *pacones* que tiran de una vez.

Mocionar. – En nuestras prácticas parlamentarias tenemos la proposición y la moción. Se vale de la primera el diputado para presentar proyectos de ley, y de la segunda, para proponer algo en el curso de la discusión. Uno de los secretarios del Congreso de 1887, al redactar las actas, notó que era muy engorroso decir con frecuencia *hacer moción*, por lo que tuvo a bien introducir el verbo *mocionar*. Desde aquella fecha variamos este verbo en todos sus tiempos, modos, números y personas.

Mochilá. – Vianda que preparan los morenos de la costa Norte, mezclando con leche de coco plátano maduro, hervido y machacado.

Moderno, na. – Tardío, torpe, pesado en sus movimientos.

Modismo. – Encontramos uno en *María*, que en años anteriores estuvo muy en boga entre nosotros, pero que tiende a desaparecer; consiste en repetir en tono de mofa la última parte de la palabra del interlocutor. *¿Irás hoy a pasear? Sí AR. ¿Sabrás muy bien la lección? Sí ON.*

Mogomogo. – Manjar que se prepara con plátano guineo tierno.

Mojabobos. – En esto hemos convertido la palabra calabobos. Nuestro término es adjetivo. *Agua MOJABOBOS*.

Mojinete. – Remate triangular de la pared de algunas casa, el cual llega la cumbrera.

Mololoa. – Conversación ruidosa.

Molotera. – Tiene la misma acepción de molote.

Mollejón. – Este vocablo tiene la significación que le da el Diccionario de la Lengua. Asegura esta respetable autoridad que *mollejón* es aumentativo de *molleja* (estómago muscular que tienen las aves), olvidando, tal vez, que existe la palabra *muela*, que vale piedra de amolar o de afilar, y que, por consiguiente, aquella palabra es diminutiva de muela. Antes se dijo *molejón*; y así dice todavía al general Mitre en la *Historia del General San Martín y de la Independencia Sudamericana.*

Mona. – Cierta persona o cosa mala en su género; así es *mona* el hombre cobarde con apariencias de valiente; el gallo ordinario o que no es de buena calidad; y el trompo no hecho en torno, o en mal estado.

Mondongo. – Guisado que se hace de los intestinos, panza y manos de la res, con manteca, verdura, achiote, etcétera.

Monearse. – Familiarmente, trabajar con tesón. – Darse de golpes varias personas.

Moneda trozada. – La moneda macuquina, que todavía circula en los departamentos de Yoro y Olancho.

Monis. – Moneda o dinero. Esta acepción le da también Mesonero Romanos, pero hace aguda la palabra:

> "¿Y los ojos de don Braulio
> Tienen tal encanto, di,
> Para fundar capitales
> Sobre el ajeno *monís*?
>
> – Es verdad, no tiene bolsa;
> Mas para eso la hay aquí,
> Para los largos de ingenio,
> Bajada de San Martín".

(Los Misterios de Madrid).

Montada. – Cuerpo de soldados de a caballo; caballería.

Montador. – Faldas largas y anchas, de *borlón* o de *coleta*, que usan las mujeres cuando andan a caballo.

Montante. – Alboroto, pleito en que toman parte muchas personas armadas.

Montuca. – *Nacatamal* en que la masa, en vez de ser de maíz seco, es de maíz verde o elote.

Mora. – Frambuesa.

Moray. – Vale roble.

Morete. – Cardenal, moretón, esquimosis. Creemos que nuestro *moreteado* no es lo mismo que amoratado: el primero se aplica a las personas que tienen *moretes*, y el segundo a las que tiran a morado.

Moro, ra. – Aplicado al color de las caballerías; tordo. – Se dice también del ganado vacuno que tiene más o menos este color.

Morocho, cha. – Bichín.

Morolo, la. – Sencillo, de cortos alcances.

Moronga o salchicha. – Tripa de cerdo rellena de sangre de este mismo animal y condimentada con chiles y otras especias; morcilla.

Moroporán. – Yerba común de los climas templados. Poco más o menos, crece a la altura de una vara. Las hojas son pequeñas, dentadas. Las flores son también pequeñas, redondas, sin pétalos, compuestas de una pelusa blanca, semejante en la forma a la de la zarza. La decocción de esta planta bebida es de muy especiales efectos contra la epilepsia o enfermedad convulsiva que llamamos *mal*.

Morronoso, sa. – Se dice de las cosas ásperas o que tiene la superficie desigual.

Mortual. – No encontramos en los léxicos este término, que cada rato usamos en lugar de *sucesión*. *Testamentaría* significa menos que *mortual*.

Moscorrofio. – Persona excesivamente fea, o cosa mal hecha. Aplicase principalmente a las mujeres.

Motate. – Especie de piñuela que entra como ingrediente en la confección de la chicha y el vinagre.

Motete. – A menudo nos servimos de esta palabra por *atado* o *envoltorio*.

Para Alcedo *motete* es un cesto con dos asas de cuerda para meter los brazos, en que llevan las cartas y otras cosas por veredas y caminos ásperos, por donde no pueden pasar caballerías.

Moto, ta. – Huérfano: persona que sin haber formado familia tuvo la desgracia de perder a su padre y a su madre. – Animal doméstico que durante lo están criando queda sin madre.

Mover. – Significa, según el Diccionario de la Academia, *abortar*; y este verbo en botánica vale ser nulo o incompleto en las plantas el desarrollo de alguna de sus partes orgánicas; de aquí que por extensión llamemos *movido* al hombre o animal que por enfermedad o por cualquier otra causa no alcanzó su completo desarrollo, se quedó descriado, *tetelque*.

Mozote. – Yerba de hojas menudas, que echa por frutos unas bolsitas verdes, pegajosas. La decocción de la planta es muy recomendable contra la ictericia. Es palabra de origen mejicano.

Mucepo. – Tristeza, decaimiento del ánimo.

Mucle. – Enfermedad que padecen los niños recién nacidos cuando se les indigesta la leche, por haber comido con la madre o nodriza ciertos alimentos vegetales.

Mudada. – Muda: conjunto de ropa que se muda de una vez. Se toma regularmente por la ropa exterior.

Mudada de culebra. – La piel que deja la culebra de tiempo en tiempo; camisa.

Mudenco, ca. – *Lenco*, tartamudo.

Mueble. – Además de tener esta palabra las dos acepciones castizas que aparecen en el Diccionario de la Academia, tiene otra que conceptuamos provincial. Es un *mueble* entre los comerciantes, el género o mercadería que por haberse pasado de moda o por estar ya viejo no puede venderse a ningún precio, o solo por uno muy reducido; *mueble*, pues, significa cachivache, trebejo.

Muela. – Para nosotros vale tacaño, cicatero, mezquino.

Muela cordial. – Muela cordal.

Mujerengo. – Maricón, afeminado. No hemos visto usada esta palabra en obras españolas; pero sin duda es de buena laya y no una corrupción de mujeriego. La desinencia *engo*, dice Monlau que es una variante de *olento*, y los adjetivos acabados en esta última, califican el sujeto indicando que en él hay mucho de la cosa expresada por el radical del adjetivo. De forma que cuando se dice que *Juan es un mujerengo*, queremos dar a entender que tiene mucho de mujer, que es afeminado. En portugués existe este término: *molherengo* significa afeminado.

Mula. – Enojo; por lo que *enmular* a una persona, o *ponerle una mula*, es enojarla.

Mulule. – Nombre de un arbusto. Con la decocción de la hoja de esta planta, curan los labriegos la *murriña*.

Mulunzapo o guruzapo. – Árbol elevado, que habita en los climas cálidos, y produce un fruto del mismo nombre, semejante al *zonzapote*, aunque más pequeño y más aromático. Es palabra de origen mejicano.

Mumuga. – Migajas o desperdicios del tabaco.

Munición. – Uniforme de soldados y demás individuos de tropa; consta de un pantalón y una blusa.

Músico. – Ignoramos el porqué de la ojeriza que tiene el pueblo y no pueblo a los músicos. El que anda mal a caballo, el que es mal jinete, *monta como músico*; y el que come mucho, el que se ahita, tiene *barriga de musico o de violón*.

Musuco, ca. – Se aplica a las personas que tienen el cabello muy ensortijado o rizado, casi lanoso, como el de los negros. A los *musucos* les decimos también *murruces*.

Muteco, ca. – Se aplica a los actos que con la apariencia de válidos tienen algún vicio que los deja sin ningún efecto.

N

Nacarigüe. – Potaje de carne y pinole. Es palabra de origen mejicano.

Nacascolo. – (Cesalpina corarea). *Nacazcolotl*, azteca. – Árbol que produce unas vainas como las del tamarindo, de cuya infusión se hace una tinta muy negra. En algunos títulos de tierras se lee *nacascolote*.

Nacatamal. – *Nacatamalli*, azteca. – Tamal relleno de carne de cerdo.

Nagual. – *Naualli*, azteca. – El animal que tiene una persona de compañero inseparable. Mr. Charencey, citado por Milla, da la siguiente explicación del *nagualismo*:

"Es una forma de zoolatría, muy usada en ciertas poblaciones del Nuevo Mundo, una especie de consagración del hombre al *nagual*, o la divinidad encarnada, por decirlo así, bajo la apariencia de un animal".

La creencia en los *naguales* no ha desaparecido en la raza aborigen ni en la gente ignorante del pueblo.

Nahuapate. – (Solidago montana o Doronicum glutinosum). *Nanahuapatli*, azteca. – Planta rastrera de hojas dobles, de la familia de las crucíferas, que se cría en las colinas de los climas templados, y se usa en cocimiento contra las enfermedades venéreas. De esta planta se servían los mejicanos para curar las úlceras.

Nambira. – Calabazo grande, *barco*.

Nana. – *Nana* y *tata* dicen los campesinos y la gente que no ha recibido ninguna educación, en lugar de madre y padre, mamá y papá.

Nance. – (Byrsomina crassifolia). *Nanche*, azteca. – Árbol pequeño, que produce más frutitas amarillas, sabrosas y aromáticas, las cuales cuando están maduras se caen por sí mismas. Hay de dos especies: una que se llaman *nances de Castilla*, y la otra compuesta de árboles silvestres, que da unas semillas más o menos agrias. Como estas últimas tienen valor en el mercado y el que quiere venderlas no tiene más trabajo que ir a recogerlas al campo, cuando una persona cree que es fácil obtener una cosa, y otra es de opinión contraria, esta le dice a la primera: *eso no es como ir a nancear*. En un título de tierras que tiene más de un siglo se lee *nanche*.

Nanita. – Abuela.

Naranjas. – En vez de *no, nada*, decimos a las personas de la familia *naranjas*, o *naranjas de Chinandega*.

Narizón. – Aumentativo de nariz; narigón.

Neciar. – Del adjetivo necio se ha formado el verbo necear, que significa, según el Diccionario, decir necedades o porfiar neciamente una cosa. No hay verbo *neciar*.

Neneque. – Persona infeliz, desgraciada, que no puede valerse por sí misma.

Nigüento. – Hombre o animal lleno de niguas.

Nigüero. – Lugar donde hay muchas niguas. – Abundancia de niguas.

Niño perdido. – Fiesta que sirve como de apéndice a la de los nacimientos. Puesto el nacimiento y abierto al público las noches de pascua, concurre la gente en pandillas a verlo. Uno de tantos amigos de la casa se *roba* al niño. Pasado el último día de pascua, el dueño del nacimiento y el que se robó el niño se ponen de acuerdo para la *buscada*, y en la fecha convenida, salen en procesión por las calles, hombres, mujeres y muchachos, de la casa del nacimiento, con música y cohetes, a buscar el niño. Llegan a una casa y luego a otra en su busca, a lo que llaman *posadas*, y después de un breve canto en cada posada alusivo al acto, se dirige la procesión a aquella en que va a tener lugar la fiesta y en la que hallan el niño. Sigue un baile de confianza, que concluye después que los concurrentes han tomado el ponche de piña o de leche.

Níspero. – Véase Chico.

Nixqueza. – Lo mismo que cernada. Es palabra de origen mejicano.

Nixquezar. – Preparar el maíz para las *tortillas*, cociéndolo con ceniza. Vocablo compuesto de los mejicanos *nextli*, ceniza *quetza*, mantener, conservar.

Nixtamal o nixtayol. – *Nextamalli*, azteca. – Maíz cocido con ceniza, de la masa del cual se hacen las *tortillas*.

Nixte. – Este adjetivo no es más que el sustantivo azteca *nextli*, ceniza, vale pálido.

129

Nochero o denochero, ra. – Que hace las cosas de noche; a veces es lo mismo que nocharniego. – Cuatrero.

No le hace. – Por no importa, no es provincialismo ni de la América Central ni de Chile; lo que hay en la frase expresada es una elipsis del demostrativo eso. El Diccionario de la Academia dice: "*eso no le hace*".

Nómina. – Vale nominilla.

No se hizo la miel para el pico del zope. – No se hizo la miel para el pico del asno.

Notabilidad. – Persona espectable.

Novillo. – Toro castado que no está domado o sujeto al yugo.

Nuégano. – Corrupción de *nuégado*.

Nuestro amo. – El Santísimo.

Nulificar. – Verbo muy usado en sustitución de anular.

Ñ

Ña. – Tratamiento que se da a las mujeres viejas que no pertenecen a la primera clase social. Afirma Cuervo, que una abreviatura creadil de señora es *señá*, palabra esta última que de ordinario aparece mutilada de su primera sílaba. Puede ser muy cierto lo que afirma el gran filólogo colombiano, pero llama la atención el hecho de que en provenzal *domna*, femenino de *senhor*, se abrevia en *na* antes de los nombres propio, según la enseña Díez en su *Grámatica de las Lenguas Romances.*

Ñame. – La raíz de la planta *Dioscorea alata*. Asegura Oviedo, que los *ñames* o *ñame* vinieron a las Indias con "esta mala casta de los negros".

Ñanga. – Estero de fondo pantanoso.

Ñángara, ñácara, o ñola. – Ulcera, llaga.

Ñaña o ñeñe. – Chichina.

Ñatas. – Familiarmente las narices.

Ñato, ta. – Dícese de las personas que tienen la nariz chata. En la República del Uruguay existe este adjetivo, y lo aplican, según el autor del *Diccionario Ríoplatense Razonado*, al que tiene la nariz respingada (?).

"Ello es bien, pero no me gustan las mujeres *ñatas*".

(Ramírez. – Los Amores de Marta).

Ñor. – Aféresis de señor; el masculino de *ña*. ÑOR Pedro, *ÑA Petrona.*

Ñuco o nuco. – Parece adulteración de nudo, en su acepción figurada de falto o despojado de lo que cubre o adorna. Y en efecto, es nuco el ganado de asta que carece de cuernos o los tiene poco desarrollados; y le han quedado los *nucos* de las manos o pies a la persona o animal que ha perdido los dedos o una parte de ellos. En Danlí dicen *muco*.

O

Obispo. – Una parte del intestino del cerdo.

Ocozote. – *Ozotl*, azteca. – La brea del ocote solidificada en lágrimas fuera del árbol. Emplease para llenar los agujeros que produce el hormiguillo en los cascos de las bestias caballares.

Ojo de pescado. – Piedrecita que dicen se encuentra en las arenas de la isla de Haití, la cual, introducida en el ojo de una persona, saca cualquier sucio o cuerpo extraño que dentro de él se halle.

Ojo de venado. – (Dolichos urens). Planta de la familia de las leguminosas, que crece a las faldas de las montañas, en los lugares frescos y sombríos. Produce unas legumbres de tres pulgadas de largo y una y media de ancho, de color oscuro, cubiertas de un vello amarillento y duro, que causa escozar al que las toca, y que contiene dos o tres semillas negras, redondas, achatadas, de una pulgada de diámetro, duras y con un ombligo alrededor. Se cree vulgarmente que el que padece de hemorroides siente alivio llevando estos frutos en el bolsillo del pantalón.

Olingo. – Mono aullador, cuya voz es de gran alcance.

Olisco, ca. – Aplicase a las cosas, como las carnes, cuando comienzan a oler mal.

Olor a misa mayor. – Es el que tiene el aliento de la persona que ha tomado un poco de aguardiente.

Olote. – *Olotl*, azteca. – Carozo: parte leñosa donde están como engastados los granos de maíz.

¡Opa! – Interjección equivalente a ¡hola!, aquí y en Colombia.

Orático. – Vale venático, medio loco.

Oreja. – A las asas de los jarros, *apastes*, etcétera, nunca las llamamos con este nombre, sino con el de *orejas*. *Asas* por *orejas* lo hallamos en el *Vocabulario de Germanía*, de Hidalgo. Hay quien afirme que aquellas dos palabras tienen un mismo origen.

Orejar. – Tirar a una persona de las orejas; por consiguiente, *orejeada* es tirada de orejas.

Orejón. – Aplicase a las personas o animales que tienen grandes orejas. La misma acepción dieron a este vocablo los conquistadores, como puede verse en los *Comentarios Reales*. – Simple, bobo.

Orificar. – Tapar con oro la picadura de un diente o muela.

Orlar. – Vale repulgar.

Oro de los compadres. – Metal que parece oro y no lo es.

Oropéndola. – Ave de color pardusco, diferente del pájaro que lleva aquel nombre en Europa. Da un grito desapacible, y en este acto mueve todo el cuerpo.

Oscurana. – Nos aseguran personas de bastante edad, que el propio día de San Sebastián, del año de 1835, comenzó a aparecer al Sudeste de Tegucigalpa una *oscurana*, que muy pronto se hizo general en toda la ciudad. Esta *oscurana*, arcaísmo sustituido por *obscuridad*, es lo que se llama el *polvo*, que, en medio de retumbos, temblores de tierra y relámpagos, lanzó el volcán de Cosigüina, del vecino Estado de Nicaragua, al hacer su erupción en aquella fecha, por espacio de tres días.

Oso hormiguero. – Cuadrúpedo muy conocido y que parece ser el tomándola académico.

Otomía. – *Otomitl*, azteca. – Atrocidad, barbaridad. Decir *otomías* a una persona es injuriarla gravemente de palabras.

Overo, ra. – Hace siglos que se aplica el animal remendado o de varios colores; y por extensión se dice de las personas cuando las manchas son muy graves:

"Era un veneno blando, que no morían con él sino los de flaca complexión; empero los que la tenían robusta vivían, pero con gran pena, porque quedaban inhabilitados de los sentidos, y atontados de su juicio, y afeados de sus rostros y cuerpos; quedaban feísimos, albarazados, *ahoberados* de prieto y blanco".

(Garcilaso. – Comentarios Reales).

¡Oyoo! – Interjección que usan los aldeanos y en general la gente del campo para llamarse de lejos.

P

Pabilo. – Algodón hilado para hacer torcidas y cordones.

Pacaya. – (Kuntia amontana). Arbusto de las montañas y de los lugares fríos, cuyas hojas de palma se utilizan en adornar las calles y edificios cuando hay festividades, y los frutos se guisan, fríen y condimentan para la mesa.

Pacón. – Árbol elevado cuyas raíces prestaban a los aborígenes los servicios del jabón, causa por la que Oviedo dice que los españoles lo llamaban *árbol del jabón*. Suponemos que *pacón* se deriva del verbo azteca *paca*, lavar una cosa.

También se les dice *pacones* a los frutos de este árbol.

Pachigua. – Adjetivo que se deriva del verbo azteca *pachini*, comer hasta la saciedad; vale harto.

Pachón, na. – Epíteto que se da a la persona que tiene mucho vello, o el animal de pelo fino, largo y abundante. Este adjetivo derívase del azteca *pacha*, lanudo, velludo.

Pachotada. – En esta palabra no hay más que un trastrueque de las letras *ch* y *t*; es patochada.

Padre Nuestro. – Aquella parte de la oración dominical, que dice: "no nos dejes caer", la usamos como nombre sustantivo y tiene la acepción ¡quien la creyera! de tonto. *Quien le hace caso a fulano es un NO NOS DEJES CAER.*

Pagar uno de los elotes. – Pagar uno el pato, *ser uno el chumpipe de la fiesta*. (Véase Jolote).

Pajarero, ra. – Aplicase a la caballería que se espanta de todo hasta de su propia sombra.

Pajonal. – Lugar cubierto de *zacatuste*, junco u otras yerbas semejantes, cuando están muy crecidas.

Palanca. – Arbusto de los climas calientes, cuya fruta, semejante a la ciruela, no es muy grata al paladar. El aroma de la flor es bastante repugnante.

Paletón. – Significa pestillo.

Palo ensebado. – Lo mismo que cucaña.

Paloma Turca. – Tal vez a esta palomita silvestre le queremos decir torcaz, aunque es diferente de la ave conocida con este calificativo.

Palomilla. – La plebe, del bajo pueblo.

Pambazo. – Pan que se hace de masa de elote, revuelta con *mantequilla* (manteca), azúcar y anís.

Pancista. – Sodomita.

Pandereto, ta. – Adjetivo que añade la idea de desprecio a la significación del primitivo pando.

Pan de rosa. – Damos este nombre al azucarillo. Los hay blancos y color de rosa.

Pan de yema. – Pan dulce, al cual se le da aquel nombre porque entre los ingredientes de que se hace entra la yema de huevo, con exclusión de la clara.

Pancho. – Paco: diminutivo de Francisco. – Mono o mico.

Panilla. – Tela de algodón, de que hacen vestidos para hombres.

Panteón. – Lo mismo que cementerio o cementerio. Antes decíamos camposanto.

Papada. – Por tontera, es una palabra obscena.

Papaya. – (Carica papaya). Árbol de la familia de las pasifloreas, que vulgarmente se divide en dos clases: macho y hembra. Este último produce unas frutas del tamaño y figura de un melón mediano, que cuando están verdes se hace conserva de ellas, y cuando están maduras son un manjar muy agradable.

Papelada. – Ficción, simulación, intriga.

Papeleta. – Hoja impresa, en prosa o verso, que contiene la invitación que se hace al público para que concurra a una función; tarjeta.

Papelote. – *Papacote:* cometa pequeña a la que juegan los muchachos. La vuelan con hilo. La cometa cuadrada que describe el Diccionario de la Academia se llama *paloma*.

Paperas. – Suponemos que esta enfermedad es una especie de angina; se manifiesta por una inflamación en las glándulas de la garganta.

Paquete. – Dos cucuruchos formados con un mismo papel, y en cada uno de los cuales hay puestos cincuenta pesos.

Parada. – Diez cartuchos de rifle o de fusil.

Paragüitas. – Hongos, pero de los venenosos, que son los que abundan en los *basurales* (basureros).

Parque. – Municiones de guerra. *Al general N lo derrotaron porque le faltó PARQUE.*

Participio. – En el sentido de participación es término anticuado; pero sucede con aquella palabra y con otras tantas que, aunque hace años que no se usan en España, es difícil desterrarlas del habla hondureña.

Parranda. – Holgorio, jaleo, *bebeata* (borrachera).

Pasable. – Galicismo muy corriente en Honduras y fuera de ella. Regular, pasadero, aceptable.

Pasajuego. – Cierto juego antiguo parecido al del mallo.

Pasar las trujillas. – Pasar crujía,

Pasavolando. – Pasavolante.

Pasearse. – Arruinar a una persona o una cosa; de allí la frase *fulano se paseó en su suerte*, con que se significa que por los comportamientos malos de la persona a quien aludimos, le ha venido o le vendrá una desgracia.

Paso. – Vado: el lugar de los ríos por donde se pasa de una banda a otra.

Paso por vado, es corriente Hispano Americano.

"Desde Chustug –pamba se baja hasta Puma– Chaca, que en nuestro idioma dice puente de leones o puente de páramo, porque la palabra puma tiene en el lenguaje del Perú el significado de león o de páramo. Este lugar es el *paso* del río que goza del mismo nombre, de pequeño caudal, que recoge las aguas del despoblado de Totorillas y riega los países de Tipsán, Alausi y Cibambe".

(Semanario de la Nueva Granada).

Paste. – *Pachtli*, azteca. – Es la *Luffa Cilíndrica* de Linneo, según el doctor Barberena. Especie de cucurbitácea que produce un fruto que cuando está seco presta los servicios de la esponja en los baños. Llamamos del mismo modo *paste* a u na parásita filamentosa que, en forma de largas y caprichosas colgaduras, cubre las ramas de los árboles en los bosques elevados.

136

Pastorear. – Tratándose de una persona, contemplarla, en la segunda acepción que a este verbo da el Léxico de la Academia.

Pastorela. – Nombre que nuestro poeta presbítero doctor don José Trinidad Reyes, dio a los poemas pastoriles en forma de drama, que él compuso. Ocho son estos poemas. Ester, Neptalia, Zelfa, Rubenia, Micol, Elisa, Albana y Olimpia. Las *pastorelas* se representan en el tiempo que trascurre desde el seis de enero, en que concluyen las fiestas de los nacimientos, hasta el miércoles de ceniza.

Pata, patear, a patadas. – Tal vez no muy conformes con la Academia ni con la urbanidad llaman algunos *pata* al pie del hombre.

En *qué pata puso ese huevo*, frase de que nos valemos para indicar que se ignora la madre de una persona, está tomada *pata* por la hembra del pato.

Dar la pata vale cometer las mujeres la primera falta.

Darle una *pateada* a uno o *patearlo*, es darle golpes, aunque además de los pies entren también las manos.

Por último si *patada* significa movimiento de un pie hacia adelante para ir de una parte a otra, *paso*, cuando decimos que, por ejemplo, en el mercado hay maíz, piñas, *a patadas*, significamos que a cada paso que se da se encuentran el cereal y las frutas indicadas. Por eso *a patadas* vale en *abundancia*. La frase adverbial *a patadas* se usa también en Chile:

> "No es extraño que hubiese allí heridos,
> Que hubiese muertos y otras bufonadas,
> Cuentan los militares aguerridos
> Que de esto hay en las guerras *a patadas*".

(Copiado de la Historia de la Literatura Colonial de Chile).

Patacón. – Arácnido del género *Ixodes* de Latreille. Garrapata en su mayor desarrollo: abunda en las tierras cálidas, y mucho más en los lugares que habita el ganado.

Patacho. – Vale lo mismo que recua.

Patango, ga. – Regordete, *zaporro*, aparrado.

Pataste, güiscil o güisayote. – Fruta de carne suave y dulce cubierta de una cáscara espinosa o lisa. Es El *chayotli* de los aztecas. El primer componente de *güisquil* y *güisayote* es la palabra mejicana *uitz* espina, aludiendo a las que tiene la cáscara de la fruta.

Patatús. – Lo mismo que pataleta.

Pate. – Árbol semejante al *guatiqueme* o *pito*, cuya raíz, machacada y puesta dentro del agua, adormece los pescados. Es el *tzopiloquauitl*, árbol de zopilote, de los aztecas. Las aguas envenenadas con *pate*, *barbasco* y *chilpate*, y los peces muertos con ellas, participan de las propiedades eminentemente abortivas de estas plantas.

Pateador, ra. – Dícese del animal que tiene el resabio de tirar patadas o coces.

Paterna. – (¿Inga vera?) Árbol elevado, semejante al algarrobo, que produce unas frutas de forma de vainas, como de una tercia de largo por dos pulgadas de ancho, chatas, rígidas y verdes, dentro de las cuales se encuentra una especie de almendrones cubiertos de una materia blanca y dulce. Los almendrones se utilizan en la verdura. El autor de la *Historia Natural y General de las Indias* llama a esa fruta *caoba*, y Alcedo, *guaba*. Suponemos que este árbol es el *uaxin* de los mejicanos.

Patio de bolas. – El terreno llano en que se ejecuta el juego llamado *pasajuego*.

Patrón, na. – El amo o ama respecto al sirviente, sea este doméstico o no.

Patuco, ca. – Se dice del que por tener los pies torcidos, sin dedos o con toda deformidad semejante, no puede andar bien; pateta.

Patuleto o patuleco, ca. – El que al andar revela torpeza en los pies.

Pavesa. – Pábilo.

Payán. – Quebrantado, refiriéndose al maíz o a cualquiera otra cosa que se muele. El poeta nicaragüense Juárez usó el verbo *payanear*, y dijo:

> "*Casabuyano*, mi amor
> Está por ti *payaneado*:
> No seas *tilinte*, mi bien,
> Sé *celeque*, dueño amado".

En lugar de *tilinte*, el señor Ferraz dice *pipinte* en sus *Nahuatlismos*.

Pazcón o pichacha. – *Patzconi*, azteca. – *Guacal* con muchos agujeros para cerner el tabaco de que se hacen los *cigarros* (cigarrillos).

Peal. – Trabilla: tira que, formando una especie de estribo, puede ponerse cruzada de un lado o a otro en cada una de las bocas del pantalón, para que este quede estirado y no pueda subirse.

Pedal. – En las máquinas de coser, pieza sobre la cual el que cose aplica los pies para impulsar la máquina.

Pedir cacao. – Pedir gracia, perdón, misericordia.

Pedrero. – Sitio o lugar en que hay muchas piedras; pedregal.

Pedurria o tiesto. – Llamase así una mancha *azuleja* que tienen algunos niños trigueños, en las nalgas o en otra parte posterior del cuerpo abajo de la cintura. Nacen con ella, y a medida que crecen van desapareciendo.

Pegadero. – Barrizal, ciénega.

Pegativo, va. – A la enfermedad contagiosa le decimos nosotros *pegativa*, epíteto este último que no aparece en el Diccionario de la Lengua. Nuestro vocablo debe sustituirse por pegadizo:

"¡Ay, señor! dijo la sobrina, bien los puede vuestra merced mandar quemar como a los demás (libros); porque nos ería mucho que habiendo sanado mi señor tío de la enfermedad caballeresca, leyendo estos se le antojase de hacerse pastor y andarse por los bosques y pardos cantando y tañendo, y lo que sería peor, hacerse poeta, que según dicen es enfermedad incurable y *pegadiza*".

(Cervantes. – Don Quijote).

Sin embargo de lo dicho, nuestro *pegativo* no es mal formado.

Pegón. – Vale parchazo.

Pegoste. – Pegote: emplasto que se hace de pez o de otra cosa parecida, o la persona impertinente que no se separa de otra.

Pela. – Dar a uno una *pela* es darle una azotaina, *sacudirle el polvo*.

Pelado, da. – Pelón: persona falta de recursos. *Fulano está más PELADO que el palo del azote.*

Pelantrín. – No es para nosotros el labrador de corto o mediano caudal, sino la persona que no tiene nada, el *pelado.*

Pelar. – Vale murmurar. La acepción que tiene este verbo fácilmente se explica, teniendo presente que entre nosotros *pelar* y desollar expresan una misma idea, y que este último, refiriéndose a una persona, significa murmurar de ella acerbamente.

Entre los derivados de pelar, está *pelancina*, que la usó el padre Reyes en uno de sus *cuandos*:

> "Y a fe que tiene razón,
> Pues él ha estado observando
> Que una a otra se están *pelando*
> Criadas, niñas y señoras.
> ¿Se escaparán las pastoras
> De la *peloncina*? ¿Cuándo...?"

(Pastorela de Olimpia).

Pelarse. – El verbo pelar, cuando significa cortar el cabello, lo conjugamos como reflexivo, con un pronombre que le sirve de complemento directo: *me pelo*, *te pelas*, etc., sin parar mientes que quien pela es el barbero, y no uno a sí mismo.

Pelar los ojos. – Traducimos esta frase por mirar, en el sentido de fijar la vista en un objeto, aplicando juntamente la atención:

> "¿Ignoras que la codicia,
> Que tamaños *ojos pela*
> A las onzas y las *bombas*,
> Para lo demás es ciega?".

(Padre Reyes. – Pastorela de Elisa).

Pelar ratas o planear. – Morir.
Pelero. – Tira de bramante o jerga que se ocupa de sudadero.

140

Pelona. – La muerte. *Pelona* es mal nombre: el nombre de pila de la muerte es *pascuala*, según hemos oído decir.

Pellón. – Antes era común el uso del *pellón* y de la zalea; hoy solo se ven sobre las albardas de las caballerías de la gente del campo. Es el *pellón* un pedazo de tela basta, en la que se embuten multitud de hebras de hilo azules o coloradas, y sirve principalmente para librar al jinete de las incomodidades provenientes de la dureza de la montura. El *pellón* que describe Alcedo es nuestra zalea.

Penca. – *Penca* de tusa o *caja* de tusa, son todas las hojas en que está envuelta la mazorca de maíz. – *Penca* de sangre es el chorro de este líquido que brota de una herida cuando se ha cortado una arteria.

Penco, ca. – Aféresis de zopenco.

Pepe. – Biberón. – Pedigüeño.

Pepenar. – Recoger, levantar una cosa del suelo. Este verbo tiene su origen en el azteca *pepena*, recoger, recolectar, juntar las cosas que están desparramadas.

Perder las llaves. – Estar con diarrea.

Peregrinos. – Fiesta religiosa que celebran las mujeres en los días que transcurren desde el dos de febrero hasta el miércoles de ceniza, en conmemoración de la huida a Egipto de San José, la Virgen y el niño Jesús. Consiste en sacar en procesión todas las noches las imágenes de estos santos, de una casa a otra. En la casa donde reciben las imágenes, después de rezar el rosario, hay un corto refresco o un ponche.

Perfil. – Punto: cada una de las partes en que se divide el pico de la pluma de escribir por efecto de la abertura o aberturas hecha a lo largo de él.

Perfumador. – Bote de vidrio, porcelana, etc., con una bombita de caucho, la cual arroja en forma de rocío el líquido oloroso que contiene el bote.

Pergenio. – Personilla.

Periquear. – Echar flores, hacer el amor, requebrar.

Persogo. – Soga hecha de cerdas de caballería; crizneja.

Pesa. – No sé por qué le damos la acepción de *rastro* (véase esta palabra). Sin embargo, en el Diccionario encontramos que *peso* significa puesto o sitio público donde se venden por mayor varias especies comestibles, especialmente de despensa, como tocino, legumbres, etc. Nuestras *pesas* y *rastros* se llaman en español *carnicerías*.

Pescocear. – Dar de bofetadas. Se usa como recíproco y reflexivo.

Peso de la noche. – Los poetas representan la noche cubierta con un manto negro, y como este manto ha de ser grande, nosotros lo consideramos pesado; de allí la frase *al peso de la noche*. ¿Qué no se verifica al *peso de la noche*? La persona religiosa se pone en comunicación con su Criador; la que todo el día lo ha pasado en el trabajo, a la hora indicada está en completo descanso, reparando las fuerzas perdidas; el malvado comete en este tiempo sus crímenes para procurar la impunidad del delito. *Peso de la noche* son las avanzadas horas de la noche, el conticinio, la hora de la noche en que todo está en silencio.

Pespelar. – Quitar los bienes a una persona fingiéndole amistad o empleando halagos, promesas u otro medio parecido.

Petaca. – Comenzó por decirse *pataca* (véase Jaba). Es una vulgaridad llamar petacas al vientre de las mujeres preñadas cuando están en meses mayores. – *Echarse uno a las petacas*, es descuidarse de sus cosas, no pensar en ellas. *Petaca* es de origen azteca, *petlacalli*.

Petatillo. – Nombre de un arbusto. – Sillas de *petatillo* son las que tienen el asiento y a veces el espaldar de rejilla.

Pial. – *Pialera* corta y delgada.

Pialera. – Cuerda de cuero crudo, que sirve para enlazar el ganado vacuno y caballar. En la República de Guatemala y en los departamentos occidentales de Honduras, llaman *pial* a la *pialera*.

Picadillo. – La vianda que conocemos con el nombre de *picadillo*, con más propiedad es *cuajado*.

Picado de araña. – Equivale a picado de tarántula, en la acepción figurada y familiar que a esta frase da el Diccionario de la Academia.

Picadora. – Instrumento de hierro acerado, en forma de medialuna, con sendos mangos de cuero en sus extremidades; el cual, afilado, sirve para desmenuzar el tabaco con que se hacen los *cigarros* (cigarrillos).

Picapica. – Bejuco de la familia de las leguminosas. De la vaina, cuando está seca, sale una pelusa que causa picazón.

142

Pico. – Escoda: instrumento de hierro, a manera de martillo, con corte en ambos lados, ensartado en su mango, para labrar piedras y picar paredes. – Beso.

Pico de indio. – Salpicón.

Pícolo. – El instrumento de este nombre de nuestras bandas militares parece ser el flautín académico.

Piche. – (Dentrochocygna autumatis). Ave palmípeda, acuática. De la costumbre que tiene esta ave de permanecer en un pie, se ha tomado el decirle a un ebrio, que niega estarlo, que *haga piche*, por la imposibilidad en que está de permanecer en la postura de aquella ave sin perder el equilibrio. – Cierto árbol de madera fofa.

Pichete. – Lagartija. Este saurio se estimó algún tiempo en Guatemala como antídoto del cáncer. En el departamento de Santa Bárbara le dicen *charancaco*.

Pichicato. – Cicatero.

Picholear. – Jugar apostando pequeñas cantidades de dinero.

Pie. – La parte de una planta que se toma para obtener otra semejante la llamamos *pie*, nombre que al parecer le da la Academia:

"*Mata*... Ramita o *pie* de una hierba, como de la hierbabuena o la albahaca".

Piedra. – Este nombre se da a la molleja de las aves.

Piedra de moler. – El mueble a que el Léxico de la Academia llama metate.

Piedra de rayo. – Las teorías de Franklin sobre la electricidad no pudieron estar al alcance del vulgo de nuestro pueblo en los años que siguieron inmediatamente a la independencia; de allí que creyeran algunas personas ignorantes que el rayo era el descenso de una *jadeíta* que tiene la forma de hachuela, y de las que se encuentran algunas conocidas con el nombre de *piedras de rayo*.

Piedra jinine. – Tacaño. El vocablo *jinine* es de origen mejicano.

Piedra lipe. – Piedra lipis.

Piedroso, sa. – Petroso o pedregoso.

Pierna de freno. – Camba: cada una de las barretas o palancas del freno, a cuyos extremos inferiores van sujetas las riendas. – *Coger la pierna del freno* una persona que tiene el vicio de embriagarse, es *coger la carrera*, estar bebiendo aguardiente, coñaque, etc., durante una temporada.

Leemos en el *Teatro Histórico – Crítico de la Elocuencia Española*, que camba pertenece al castellano antiguo, y que su equivalente en el moderno es *pierna*.

Pieza redonda. – Cuarto sin servicio interior y con puerta a la calle.

Pijibay. – Variedad de *coroza*, de que hay bosques en la Costa Norte de Honduras. La carne de la fruta es amarilla y de un sabor dulcísimo; y las palmas sirven para cubrir por fuera techos de casas.

Pilar. – Pedazo o porción de cerro que se dejaba para sostenimiento de los ciclos y respaldo de las minas.

Pilguaje, pilguanejo. – *Pilguaje* es una corruptela de *pingajo*; y *pilguanejo* es un diminutivo de aquella palabra, que usamos para aumentar el desprecio que nos causa la persona pequeña, de corta edad o de humilde condición, a quien se llama metafóricamente *pilguaje*.

Pilgüete. – Se aplica a las personas, principalmente a los muchachos que andan en la calle haciendo nada. Parece un diminutivo de pingo.

Piligüe. – *Piliui*, azteca. – Se dice del cacao menudo, del que no alcanzó el tamaño ordinario.

Pimientilla. – Arbusto copado, de dos o tres metros de altura; las hojas son cortas, delgadas y alternas; florece en macetas, y en la misma forma produce unas semillas o granos redondos, parecidos a los del culantro común. De estas semillas maduras se extrae la cera vegetal.

Pimpín. – Esta palabra onomatopéyica se usa con el verbo estar: *está* una *persona en un pimpín* cuando espera algo con ansiedad.

Pinganilla. – Petimetre, pisaverde.

Pinino. – Se dice que es adulteración de *pinico*. El poeta argentino Echeverria dice *pinino* en *El Ángel Caído*:

> "Y lo digo, lector, no porque trate
> De usurpar el laurel de ningún vate,
> De esos que ayer nacieron peregrinos

144

Y gigantes se creen porque *pininos*
Comenzaron a hacer en su Pegaso,
Y el vulgo al ver el estupendo caso
Exclamó con razón: ¡qué maravilla!".

Pintiar. – Vale entre mineros, escoger la broza sacando lo más selecto de ella.

Pintorrear. – Palabra corrupta, por estar demás la sílaba *te*; pintorrear.

Piñón o tempate. – (Clutia eluterea). Arbusto de la familia de las euforbiáceas, cuyo tronco crece hasta el grueso del muslo, y su altura a más de dos metros; la corteza es pálida, verdosa y las hojas algo parecidas a las de la parra; la fruta en unos racimillos de cuatro a seis cápsulas del grueso de las agallas, y cada una contiene tres almendras. Estas sirven para purgante. Se asegura que la leche de la planta tomada interiormente disuelve las arenillas o piedras que se forman en la vejiga.

Tempate es palabra de origen azteca, compuesta de *tentli*, labio, y *patli*, medicina; y dicen que la leche de *tempate* es un remedio que se aplica con buen éxito contra el afta y *mal de boca*.

Piñuela. – (Bromelia piñuela). Planta perenne, cuyas hojas son unas pencas espinosas, parecidas a las del maguey. Las frutas están dentro de la mata, apiñadas, y forman una especie de ovoide; tienen un sabor agridulce agradable. Con la planta se hacen cercas de *prendón*.

Piocha o pico. – Zapapico.

Pionono. – Lo mismo que candiel.

Pipa. – Se afirma que los diablos están en el infierno en calderas; pero nosotros suponemos que hay además algunos en pipas. *A fulano se lo ha lleva una PIPA de diablos*.

Pipe. – Hermano. Se usa más este vocablo en Nicaragua.

Pipián. – Cucurbitácea que produce unos frutos más pequeños que los *ayotes*, de los que se distinguen además a primera vista por las listas blancas que tienen aquellos. Los mencionados frutos se comen en ensalada, encurtidos y cocidos en la olla.

Pipiliciego, ga. – Cegato, o *cegatón*, como decimos por estos lugares, pero cuando esta enfermedad se conoce por contraer mucho los párpados para ver.

Pique. – Labor vertical o que no excede de 45° hecha en los cerros para explorar o explotar minas.

Pirinola. – Corrupción de perinola.

Pirujo, ja. – En tiempo de la federación, es decir, cuando los centroamericanos teníamos patria, se daba a los liberales el apodo de *pirujos*, y aun todavía así les dicen en Guatemala; nosotros usamos este término como adjetivo en el sentido de *falso*, refiriéndonos a la moneda de ilegítimo cuño. *Real PIRUJO, peso PIRUJO.*

Pisgote. – Repetidas veces hemos oído llamar *pisgote* o *pisgota* a la muchacha más crecida entre otras de su misma edad con quienes está jugando; por lo que creemos que este vocablo debe ser una corruptela de *pingorote*. Nos confirma más en nuestra creencia el tener también *pisgote* la acepción de pingo (para nosotros *mingo*), en la frase familiar *andar de pingo*, con que se moteja a las mujeres más aficionadas a visitas y paseos que al recogimiento y a las labores de su casa.

Pisporra. – Verruga grande.

Pisto. – Nombre que damos al dinero; el que tiene poco dinero tiene su *pistillo*, y el que tiene mucho, es *pistudo*

De seguro *pisto* no significa caldo de gallina, ni de perdiz, acepción que le da la Academia en la siguiente octava del *Bernardo*, de Balbuena:

> "Y aún, según de tus armas las señales,
> No a ti te dañará el precioso *pisto*.
> Remediará siquiera ajenos males
> Quien ya los suyos sin remedio ha visto.
> Dijo, y Bernardo con palabras reales
> Las gracias rinde, y él en paso listo
> A toda diligencia va, y revuelve
> Mil yerbas, y una entre ellas coge y vuelve".

Pistón. – Tortilla de maíz, cocida en el comal. Se diferencia de la *tortilla* (véase esta palabra) en ser más gruesa y más pequeña.

146

Pitón. – Tuno recto o curvo, pero siempre cilíndrico, que, arrancando de la cornisa o azotea, o de un canal que hay en la orilla del tejado de las casas sirve para dar salida a las aguas lluvias.

Pizarrín. – Barrita de pizarra con que escriben los escolares en las pizarras pequeñas.

Pizcacha. – Diminutivo, muy usado, de pizca.

Pizipizigaña. – Pizpirigaña: juego de muchachos, en que se pellizcan suavemente el dorso de las manos.

Pizote. – (Nasua de L.) *Pizotli,* azteca. – Mamífero carnicero, de la familia de los plantígrados. Con sus largos y agudos colmillos degüella a los animales que lo atacan. Anda en manada; pero se asegura que cuando está viejo se separa de sus compañeros: entonces se le dice *pizote solo* (nasua solitaria).

Pizpilina. – Aplícase a la muchacha viva, pronta y aguda.

Pizque. – *Pitza,* azteca. – Rojo, de color encendido. Tanto se dice de las personas que tienen el expresado color o son muy rubias, como de los tamales que se cuecen en agua de palo de brasil y que por ende quedan encarnados. – Se dice también del maíz cocido con mucha ceniza.

Plagoso, sa. – Se aplica a la persona que tiene plagas, tomando esta palabra en el sentido de enfermedad sobreviviente.

Planazo o platanazo. – El golpe que recibe una persona cuando cae tendida.

Planchador. – Tela ordinaria, regularmente de bramante, que se pone debajo de la fina en que se plancha.

Plantarse. – De la frase *de buena planta*, que significa *de buena presencia*, hemos pasado a dar a *plantarse* la acepción de *emperejilarse*, de *ponerse majo. Francisco se PLANTÓ para ir a hacer una visita.* – Chantarse: decirle alguna cosa a otro cara a cara sin reparo ni miramiento. *Se la PLANTE.*

Platanillo. – (Oxallis acetocellis). Planta de hojas parecidas a las del plátano. No produce frutos comestibles y se cultiva por sus hojas.

Platón. – Cajete grande o cajetón, como también le llaman las mujeres, que tiene diferentes usos.

Platudo, da. – El que tiene mucho dinero.

Pochote. – *Pochotl*, azteca. – Árbol silvestre de la misma familia de la ceiba, más pequeño y más espinoso que esta, el cual produce unos frutos que contienen una materia semejante al algodón y que utilizan en almohadas. Al *pochote* se le dice también *ceiba de monte*.

Poder. – Es frecuente usarlo como impersonal construyéndolo con dativo de persona, o con pronombre personal en el mismo caso. *ME PUDO mucho que la Juana me contestara de mal modo el saludo*. En este caso y otros análogos, *poder* vale disgustarse, enfadarse.

Polainas. – *Polainas* o chancletas les decimos a los zapatos viejos, o a los nuevos, pero grandes y mal hechos.

Policía. – Gendarme, agente de policía, o policial, como dice Montalvo. El uso de este vocablo en la acepción expresada lo sanciona la ley:

"El primer deber de los *policías* será cuidar de la conservación del orden público, evitando cualquier abuso, exceso o riña, etc."

(Artículo 36 del Reglamento de Policía de Tegucigalpa).

Polvillo. – Piel curtida de que se hacen zapatos. Suponemos que es la que posteriormente llamamos *ante*.

Polvoso. – Nombre que también tiene el *telepate*.

Poner en juicio. – Castigar a un muchacho cuando, amonestado para que se abstenga de travesear, no hace caso.

Ponerse agua. – Se pone *agua* cuando en el horizonte hay señales de la próxima caída de una lluvia o aguacero. Además de que *poner*, en la acepción de colocar en un sitio o lugar una persona o cosa, se usa como reflexivo al sentir de la Academia, refiriéndose al *agua*, parece que en cierto modo la suponemos animada; y así se explica que pueda servir de sujeto a verbos como *coger* y *venir*:

> "y si pasar no quieres, temeroso
> De que el *agua no coja*, sigue andando;
> Yo llevaré tu carga muy gustoso,
> Y podremos así marchar cantando.

Meris: –

> Deja de instarme más, zagal amigo:
> Vamos a lo que importa, y aguardemos

A que *venga*, que luego irás conmigo,
Y todo lo que quieras cantaremos".

(Virgilio. – Traducción de Caro. – Egloga IX).

Ponérsela. – Lo mismo que *clavársela*. (Véase esta palabra).

Porra. – Usamos esta palabra en las expresiones *echar a la porra, ir a la porra*, que valen por *echar a paseo*, ir enhoramala. Emplean aquellas frases en Colombia para rechazar con desprecio o enfado.

Posesivos. – Los pronombres posesivos se prestan a más construcciones que no hemos visto en los libros de gramática, o, mejor, que no nos acordamos haber visto. Enseñan los señores Caro y Cuervo, la Academia y otras autoridades, que para volver una oración primera de activa por pasiva, se pone el complemento directo de aquella en nominativo, el verbo en el tiempo de la voz pasiva y el sujeto pasa a ser ablativo, regido por las preposiciones *de* o *por*. Más sucede entre nosotros con frecuencia que, cuando el sujeto de la proposición transitiva es un pronombre personal, al convertir la oración en pasiva, se pone en lugar de este pronombre el posesivo correspondiente, concordándolo con el sujeto de la proposición pasiva. – Ejemplos:

Oración	de	activa: –	*Yo escribí la carta.*
"	"	pasiva:	*La carta fue escrita MÍA.*
"	"	activa: –	*Tú haces los zapatos.*
"	"	pasiva:	*Los zapatos son hechos TUYOS.*

Es innegable que los posesivos *mía, tuyos*, en los anteriores ejemplos, equivalen a los complementos circunstanciales *por mí, por ti*.

Postemilla. – Postema que sale en la encía.

Potrear. – Dar brincos o saltos en exceso. – Dar una sobardada a una persona.

Potrero. – Sitio encerrado donde el ganado mayor pasta. Nuestra *Ley de Agricultura* protege las empresas de *potreros* de repasto.

Poza. – Huevo: pedazo de madera fuerte, como de una cuarta en cuadro y con un hueco en el medio, de que sirven los zapateros para amoldar en él la suela. – Pozo: sitio o paraje donde los ríos tienen mayor profundidad. En este caso, el aumentativo de *poza* es *pocerón*.

Precautorio, ria. – En la forense tiene aplicación este adjetivo, que puede traducirse por preventivo. En el Código de Procedimientos de Honduras hay un título que trata *De las Providencias PRECAUTORIAS*.

Preciso. – Bolsa de cuero adobado, más pequeña que la valija, en que los caminos llevan las cosas que necesitan tener a la mano.

Prenderse. – Armarse, aviarse: proporcionarse uno lo que le hace falta para algún fin, y especialmente dinero.

Presupuestar. – Nos parece haber visto usado este verbo en un periódico que redactaba uno de nuestros primeros publicistas. Un amigo nos ha asegurado que don Ricardo Palma abogó en las sesiones de la Academia por la conveniencia de aceptar oficialmente aquel vocablo. Los que no quieren que se admita este verbo se fundan en que es necesario, puesto que existe *presuponer*; pero nosotros contestamos que así como teniendo a *escribir* usamos a *escriturar*, del mismo modo pueden coexistir *presuponer* y *presupuestar*, significando este último consignar una partida en el presupuesto, acepción que no tiene el primero.

Pretal o peón. – Lo mismo que trincha.

Pretensioso, sa. – Que tiene pretensiones. Escribimos con *s* este adjetivo porque con esta letra se escriben pretenso y pretensión. Aunque *pretenderé* tiene dos participios; *pretensus* y *pretentus*, el primero es el que hemos romanceado.

Este vocablo se usa en otras naciones de Hispanoamérica:

"¡Es una bandera tan digna como la más *pretenciosa*, por Santiago!".
(Acevedo Díaz. – Grito de Gloria).

Principal. – En el trato familiar, caudal pequeño es sinónimo de *principal. Pedro es muy trabajador; ya tiene un PRINCIPAL.*

Producido. – *Producido*, por producto, data su introducción en honduras del año de 1880, en que la Comisión nombrada para redactar los códigos patrios, copió la mayor parte de los artículos del Civil de Chile, con los cuales y con otros de los códigos de este nombre de Colombia y Guatemala, *confeccionó* el Código Civil hondureño.

El artículo 484 del Código Civil de Chile, que es el 167 del hondureño, dice:

"Después de transcurridos cuatro años desde el fallecimiento de la persona cuya herencia está en curaduría, el juez, a petición del curador y con conocimiento de causa, podrá ordenar que se vendan todos los bienes hereditarios existentes, y se ponga el *producido* a interés, con las debidas seguridades, o si no las hubiere, se deposite en las arcas del Estado".

Proindivisión. – El estado de una herencia cuando no se han hecho las particiones.

"No puede estipularse *proindivisión* por más de cinco años; pero cumplido este término, podrá renovarse el pacto".

(Artículo 1.277 del Código Civil).

Pronunciado, da. – Sobresaliente, abultado, manifiesto. También lo usan en otras repúblicas americanas:

"Cómo se podía reunir en una sola persona tanta firmeza con tanta suavidad, era el fenómeno vivo que nos presentaba don Bartolomé Calvo, y el rasgo más *pronunciado* y más digno de estudio en su simpática fisonomía moral".

(Colombia Ilustrada. – Año I, página 200).

Provisorio, ra. – Provisional. En los códigos hondureños se encuentra aquel adjetivo usado con frecuencia. Por el momento recordamos que en el concurso de acreedores y en las quiebras hay síndicos *provisionarios*.

Pruebas de los maromeros. – Habilidades o suertes de los volatines.

Puches. – Patillas. – Gallos con zarcillos de plumas.

Puchito. – Poquito. No usamos mucho este vocablo. Es un diminutivo de *pucho*, palabra que viene de la araucana *puchu*, colilla, cabo o punta de cigarro.

Puercada. – Entre los derivados de puerco, contamos esta palabra, que la traducimos por cochinada, porquería.

Puerto de golpe. – La de algunas cercas, que se cierra por sí misma.

Pujagua. – *Puxaui*, azteca. – Aplícase a cierto maíz muy fofo, que sirve para hacer pinole.

Pujaguante o macana. – Instrumento que consiste en una plancha cuadrangular de hierro, más larga que ancha, con corte en uno de sus lados estrechos, y en el opuesto un anillo, en el cual encaja un mango de madera. Sirve para escarbar, hacer zanjas y otros usos análogos. Entre los descendientes de los conquistadores, este instrumento ha venido a sustituir al *uizuti* o *palo puntiagudo* de los aborígenes, que ya solo se usa para sembrar *a bordón*.

Pulciana o pulga. – Pelandusca, *tusa*.

Pulguero. – Muchas pulgas.

Pulguiento. – Pulgoso: que tiene muchas pulgas.

Punche. – Vale ponche.

Punches, punchar. – Al maíz tostado y reventado le decimos *punches*; y una cosa, como por ejemplo un cántaro, se *puncha* cuando por el mucho fuego o por otra causa, le hacen en la superficie hendeduras o desigualdades a las de los *punches*.

Puntual. – Muleta: porción pequeña de alimento que se suele tomar antes de la comida regular. – Toro que no ha sido despojado, por precaución, de la punta de los cuernos.

Puntero. – El que cuida el punto de las cosas que se elaboran al fuego.

Punzó. – Rojo encendido, aquí y en todo Hispanoamérica:

> "Entre tanto, en ancha hoguera,
> Como encendido tizón,
> Ya la marca centellea
> Con chispas de azul *punzó*;

Mientras algunos peones,
Del capataz a la voz,
Con el *pial* en la mano
Comienzan la operación".

(Margariños Cervantes. – Celiar).

Pupusa. – Empanada: manjar compuesto de queso, frijoles, etcétera, encerrado en una *tortilla* y cocido en el comal.

Puta vieja. – (Mimosa púdica de L.) Sensitiva.

Puya. – Aguijada: vara larga que en una de sus extremidades tiene una punta de hierro, con que los boyeros pican los bueyes.

Puyada. – Corrida o lidia de toros.

Puyón. – La púa de los trompos. – Pimpollo de algunas plantas, como el maíz. – Dinero, por lo regular en pequeña cantidad.

Q

Quebrachillo. – Quiebrahacha liso.

Quebracho morroñoso. – Quiebrahacha. *Quebracho* leemos en *Tabaré*.

Quedarse o estar a fierro. – Carecer de una cosa que antes se tenía, por haberse concluido. *ESTOY A FIERRO de cigarros*.

Quedarse zapatero. – En algunos juegos de naipes, como en la brisca, no hacer treinta puntos.

Queque. – (Cake, inglés). – Hojaldre, torta.

Querque. – Quebrantahuesos. – Persona que anda sola sin objeto ostensible.

¡Qué sabe la chancha de freno! – Locución que indica la ignorancia de una persona en un asunto en cuestión.

Quezal. – (Progan Resplendens). *Quetzaltotl*, azteca. – Trepadora de bellas plumas verdes, en particular. Se encuentra en las montañas del Merendón, en el departamento de Copán. Era el pájaro imperial de los indios del Quiché.

Quien quita. – Vale tal vez, puede ser:

> "... O como otros, que aunque apenas
> Un libro viejo han ojeado,
> Se baten en las cocinas
> Y en las casa de los barrios
> Hablando de religión,
> Que es un asunto intrincado,
> Y hacen que las cocineras
> Queden de todo dudando;
> *Quien quita* que yo también,
> Sin colegios y sin maestros,
> Llegue a ser un bachiller
> Y tal vez un licenciado;
> Muy poco se necesita
> Según lo que estoy mirando;
> Un librejo mal sabido
> Basta para ser graduado".
> (Padre Reyes. – Pastorela de Elisa).

Quilinchuche o esquilichuche. – (Inga Pulcherrima). *Xiloxichitl*, azteca. – Es una flor que se compone de estambres sutiles, iguales y derechos, pero flexibles, y de cerca de seis dedos de largo. Nace de un cáliz semiesférico, semejante al de la botella, aunque diferentes en sustancia, color y tamaño. Los *quilinchuches* que conocemos son color de rosa, y nos han dicho que los hay blancos. El árbol que produce estas flores es lindísimo.

Quinicha. – Vale burra.

Quintar. – Dar los terrenos a censo.

Quiscamote. – (Arum maculatum). Planta venenosa, que habita en las orillas de los ríos y cuyo jugo es cáustico.

Quisnear. – Verbo que vale *torcer* en la segunda acepción que le da el Diccionario de la Academia. Solo se usa en el participio pasivo.

Quisneto, ta. – Torcido: aplicase a las cosas mal hechas porque se ponen oblicuas debiendo quedar rectas. Este adjetivo tiene parentesco con el verbo *quismear*, torcer.

R

Rabiada. – No tanto los hombres y mucho las mujeres acostumbran a *dar sus rabiadas. Dar una rabiada* no es siempre efecto de mala educación, sino más bien de temperamento. La persona que se impacienta o enoja con muestras de cólera y enfado, deja tal vez con la palabra en la boca a aquel que le causa el enojo. Retirarse de este modo es *dar una rabiada.*

Rabón. – Rabón es diminutivo, como lo es pelón, cajón y otros varios, no obstante de que acaban en *ón*. Llama la Academia *rabón* al animal a quien se le ha cortado el rabo. Pero es el caso que nuestras mujeres hasta hace poco tiempo dejaron de usar vestido con cola; y es muy natural que si sus trajes, hechos conforme a la moda actual, no tienen cola, sean más o menos *rabones* comparados con los anteriores.

Rancho. – Casa de pobre aspecto, por lo regular cubierta con *suyate* o *manaca*. El origen de la palabra *rancho* lo explica Emilio Daireaux en su importante obra titulada *Vida y Costumbres en el Plata.*

Rango. – Jerarquía: lugar que una persona debe ocupar conforme a su clase, categoría, etcétera. Esta palabra dizque no figura en el Diccionario porque es un galicismo; pero ojalá todos fuéramos galiparlistas como don Andrés Bello:

"El *rango* que los agentes diplomáticos acreditados en una misma corte han de guardar entre sí, se ha reglado por el acta del Congreso de Viena de 9 de julio de 1815, etc."

(Principios de Derecho Internacional).

También usan a *rango* con la acepción de rengo.

Rapadura. – Azúcar negro, que en Cuba llaman *raspadura*; lo mismo que panela. También en Colombia dicen *rapadura.*

Raptar. – En algunos alegatos en juicio criminal hemos encontrado este verbo, que se traduce por llevarse a una mujer por la fuerza y con miras deshonestas.

Ras con chinche. – Ras con ras.

Rascado, da. – Aplícase a las personas de genio arrebatado o impetuoso, a las que tienen la sangre al pelo. Hay personas que llevan con paciencia las flaquezas de los prójimos, mientras que hay otras, por el contrario, de *pocas pulgas*, que no dejan *sentar mosca*, que son *rascadas*. ¡De todo hay en el mundo!

Rascarrabias. – Cascarrabias: persona que fácilmente se enoja, riñe o explica su enfado.

Raspa. – Este es un término casi desconocido para la generación actual. Varias veces hemos oído hablar de la sencilles de costumbres de nuestros mayores, e *in pectore* hemos contestado: pero tenían la *raspa*. ¿Y qué significa la *raspa*? Nosotros no sabemos a punto fijo el sentido de este vocablo; solo se nos ha informado que *bailes de raspa* eran aquellos en que, verificándose de noche, tenían a bien los concurrentes varones apagar, al descuido y con cuidado, las luces cuando reinaba la mayor alegría en el jalco. ¡Como que en todo tiempo se han cocido habas!

Raspa el alma. – Pan de salvado.

Raspón. – La desolladura que se hace una persona en la piel por el contacto violento con un cuerpo.

Rastrillazo. – *Echar un rastrillazo o caitazo*, es bailar una o dos piezas. – *Rastrillazo* tiene la acepción de *sueño ligero*.

Juan Gómez de Blas, en sus *Discursos sobre el Arte del Danzado*, dice que "jácara, rastro, zarabanda y tárraga son una misma cosa".

Rastro. – Punto donde se vende carne al menudeo.

Rayuela. – El juego de muchachos que el Diccionario llama infernáculo.

Realeo. – El estipendio que los empresarios dan el sábado a los jornaleros, correspondientes al trabajo de la semana.

Realito. – (Julus londinensis?) Insecto como de dos pulgadas de largo, de color carmelita oscuro y con muchos pies; al ser tocado se enrolla y toma la figura de un real o de una peseta, según el tamaño. Tal vez por la forma de este animal se cree que se introduce en los oídos de las personas cuando están dormidas. Aparece por los meses de mayo o junio.

Reata. – Cuerda de cuero o de pita con que se asegura la carga en el *aparejo*; sobrecarga.

Rebatinga. – Lo mismo que arrebatiña o rebatiña.

Rebosaderos. – Numerosos depósitos metalíferos que, sin pertenecer a una veta principal, corren en diversas direcciones, cruzándose y entrelazándose en una extensión más o menos considerable, o que no tienen forma alguna determinada.

Rebozo. – Aunque pocas mujeres se ven ya con *rebozo*, el nombre se conserva para los chales, principalmente de algodón. Del modo de llevar el manto las mujeres, parece que *rebozo* ha pasado a significar el manto mismo:

"Colorada os habéis puesto,
Quitaos un poco el rebozo".

(Tirso de Molina. – La Villana de Balleceas).

La misma acepción que entre nosotros, tiene *rebozo* en el Uruguay y en Colombia:

"Sombreros, fichús, *rebozos*, cintas, alhajas y hasta dos botines desiguales, se veían revueltos entre aquella confusión de personas y cosas".

(B. Fernández y Medina. – Charamuscas).

Rechinarse. – Siempre que en virtud del mucho fuego se requema la manteca en que se fríe algo, dicen las mujeres que lo que están friendo se *está rechinando*; e indudablemente aplican el verbo rechinar por el sonido desapacible que produce entonces la manteca, semejante al que causa el frote de un cuerpo con otro. No obstante la explicación que procede, es de mucha fuerza lo que observa el doctor Ferraz, de que *rechinar* viene del verbo azteca *chinoa*, que significa quemar.

Redoma o matatillo. – (Momordia operculata). Es una fruta de la figura de un huevo mayor que el de gallina, lleno de nervios enredados entre una materia semejante a la del *paste*. La planta es menuda y se enreda en otras mayores. La infusión del fruto, que es muy amargo, es un purgante enérgico.

Redomón, na. – Dícese de la bestia caballar o mular que se está domando.

Refacción. – Reparación, reconstrucción, refiriéndose a edificios o cosas semejantes. Mucho se ha criticado el uso que hacemos de este vocablo en el sentido indicado; pero tal crítica es injusta, porque en obras verdaderamente españolas lo encontramos con la acepción que se le continúa dando en América:

"También nos inclinamos a que, por lo tocante a nave o casa, debe preferirse a todos el que dio dinero para su *refacción* o reparo, por la sola y preferente razón que hemos manifestado, etcétera".

(Sala. – Instituciones del Derecho Real de España – Tomo II).

En lo que estamos de acuerdo con la susodicha crítica, es en que no hay verbo *refaccionar*. Refacción viene del verbo antiguo *refazer*, que aún trae el Diccionario de la Academia:

"Nave, o casa, u otro edificio aviendo empeñado un ome a otro, si después desso rescibiesse de otro dineros prestados para *refazer*, e guardar aquella cosa, etc".

(Ley 28, Título 12, Partida 5ª).

Refogar. – Este verbo, que ha de ser el español rehogar, significa entre los mineros calentar la amalgama de plata u oro con mercurio, hasta el grado de que se separen los dos cuerpos.

Refundir. – Rehundir: hundir o sumergir una cosa a lo más hondo de otra.

Región. – La palabra legión adulterada. Es corriente oír decir *REGIÓN de diablos*.

Regresarse. – Dice el Diccionario que regresar vale volver al lugar de donde se salió. Este verbo para nosotros es pronominal, *me regreso, te regresas,* etc.; y aún activo: *regresé* a Juan del camino. En cuanto a lo primero, no lo creemos censurable: parece que la índole del idioma permite el uso de estos pronombres pleonásticos con los verbos que los gramáticos llaman de movimiento. A *ir* y *marchar* los conjugamos con su pronombre; del mismo modo se conjugaba *partir*, como lo atestiguaban la Academia y Oviedo:

"Viviendo Dominico Colom, su padre, este su hijo, seyendo mancebo e bien doctrinado, e ya salido de la edad adolescente, *se partió* de aquella su patria, e pasó a Levante, etc."

(Historia Natural y General de las Indias. – Tomo I).

El uso de regresar en forma transitiva, tal vez sea contra las reglas gramaticales, pero no contra los principios filosóficos del lenguaje. El que física o moralmente hace que una persona regrese, *la regresa*. A este propósito dice Díez en su Gramática:

"Puede suceder que un verbo, bajo una sola y misma forma, sea a la vez transitivo, *factitivo* e intransitivo, como el italiano *tornare*, que significa tornar, *hacer tornar* y tornarse".

Reguilete. – Juguete de niños, especie de molinete de papel, o solo con un palito.

Reja. – La cárcel; tal vez porque enrejar significa prender, poner en la cárcel.

Rejo. – (Véase *enrejar*).

Rejón. – Criada loca, pizpireta.

Relampaguzar. – Significa lo mismo que relampaguear. Es verbo español, aunque no conste en el Léxico de la Academia. Nosotros lo hemos convertido en *relampaguear*.

Reliquia. – Exvoto.

Relumbroso, sa. – No está en el Diccionario: lo traducimos por relumbrante.

Remetálicas. – Adornos, arreos.

Remotidad. – Lugar muy distante o muy apartado de las poblaciones.

Rempujar. – Este verbo, lo mismo que meter, significa *ajustar*. (Véase esta palabra).

Rempujón. – La enfermedad llamada *influenza* o influencia.

Renco, ca. – Epíteto que se aplica a todos los cojos.

Rentar. – Dar recursos alguien a otro.

Repellar. – Revocar: tender una capa de cal o mezcla sobre las paredes.

Repicar. – *Ajustar*, castigar.

Réplica. – Examinador: la persona encargada de probar o tantear la idoneidad y suficiencia de los que quieren profesar y ejercer alguna facultad, oficio o ministerio. *Réplica*, por examinador, lo encontramos en los *Estatutos* de la Academia Literaria o Universidad de Honduras.

Repostada, repostero. – *Repostada* es réplica u oposición del inferior al superior hecha en términos irrespetuosos; y *repostero* es el respondón, o la persona que contrae el hábito de dar *repostadas*. Estos vocablos son derivados del supino *repostum*, de *reponere*, y han de haber tenido la acepción que les damos, puesto que *reponer* significa *replicar, oponerse*. En Colombia *repostada* es patochada.

Requintarse. – Este verbo entra en varias frases muy usuales, y significa como *dar principio a una acción que nos causa molestia y que durará largo tiempo. Pensaba salir, pero se REQUINTÓ a llover. Cuando estaba durmiendo se REQUINTÓ el muchacho a llorar*.

Res. – En Honduras *res* solo significa ganado vacuno, y usamos la palabra tal como lo hace Mesonero Romanos refiriéndose a la lidia de toros:

"No se templará, en fin, la arrogancia del español, natural o heredada de los romanos, de los godos y de los árabes, y su inclinación a la lucha y a los peligros, mientras no decaiga la bravura de las *reses* que beben las aguas del Guadalquivir, del Tormes y del Jarama".

(Tipos y Caracteres).

Resabido, da. – Dice la Academia que es el que se precia de muy sabio y entendido; y está en lo cierto la docta corporación. Nosotros no lo estamos, suponiendo a *resabido*, por persona o animal que tiene resabios, derivado de *resabiar*. Nuestro término debe sustituirse por *resabiado*:

"Chili está muy malo y los indios tan diestros y *resabiados* en la guerra, que no hay indio que con una lanza y a caballo no salga a cualquier soldado español, por valiente que sea".

(Garcilaso. – Comentarios Reales).

Resaca. – Licor de diez o doce grados, que se destila de lo que queda después de destilado el aguardiente.

Resisterio. – Lo mismo que resistero, con una *i* demás.

Respingo. – Parte de la falda de las mujeres que, cuando está mal hecha, a veces queda levantada.

Resumidero. – Sumidero: el lugar donde se sumen las aguas y se meten en la tierra. Parece que el señor Cuervo, honra de la filología hispanoamericana, y otros escritores notables que siguen las doctrinas del docto colombiano, censuran nuestro *resumidero* y quieren que se sustituya por *razumadero*. Tratándose del lugar de un vaso por donde se recata o traspira el líquido en él contenido, acepción que no se da aquí a *resumidero*, es correcta la sustitución; pero por la *cueva* o *concavidad* en la tierra que sirve para que en ella se *suman* las aguas, no la creemos aceptable, y estamos con el Diccionario de la Academia, octava edición, diciendo *sumidero*:

"*Atarjea*. – Caja de ladrillo con que se visten las cañerías para su defensa. – Conducto o cañería por donde las aguas de la casa van al *sumidero*".

(Eguílaz y Yanguas. – Glosario).

Retajado. – Dícese del caballo en cuyo aparato generativo se ha practicado una incisión, que le impide su ejercicio.

Retentado, da. – Aplícase a la persona de genio arrebatado e impetuoso y que fácilmente se deja llevar de la ira.

Retiro. – Sitio fresco y montañoso a donde va o conducen el ganado vacuno y caballar en tiempo seco, para que paste.

Retobado, da. – Epíteto que se aplica el animal indómito. Por extensión se dice también de los criados y aun de algunos muchachos que refunfuñan cuando se les ordena que hagan algo.

Retobo. – Desecho: cosa que, por usada o por cualquiera otra razón, no sirve a la persona para quien se hizo. – Manifestación brusca del animal que no está educado.

Retumbo. – Lo mismo que *retobo*, desecho.

Revancha. – Desquite. Este vocablo lo encontramos en el Diccionario de Salvá.

Reverberar. – Calentar en hornos especiales los metales pulverizados. Es término de minería.

Reverbero. – Vasija de metal, dividida en dos departamentos, que sirve para calentar líquidos. En la parte superior se echa el agua o lo que se quiere calentar, y en la inferior el alcohol que se emplea como combustible.

Revolica. – Confusión o enredo.

Rey de zopilote. – (Gyparchus papa). Especie de cóndor, de tamaño del cuervo. Los aztecas llamaban a esta ave *cozcacuauhtli*, que quiere decir *águila con collar*.

Rezongar. – Regañar: reprender, reconvenir.

Riberano, na. – Vale ribereño:

"Para la distribución de una nueva isla, se prescindirá enteramente de la isla o islas que hayan preexistido a ella; y la nueva isla accederá a las propiedades *riberanas* como sí ella sola existiese".

(Artículo 374 del Código Civil de Honduras).

Don Andrés Bello dice también *riberano*:

"Las tierras insensiblemente invadidas por las aguas, se pierden para el uso de los *riberanos*, y las que el agua abandona en la ribera opuesta acrecen el dominio del otro".

(Principios de Derecho Internacional. – Tomo I, página 108).

Rifle. – El fusil que ha venido a sustituir en el ejército a la antigua carabina de piedra de chispa.

Rigüe. – *Tortilla* de elote. – Potaje de pinole.

Rinconera. – Ménsula que se fija en los ángulos de la sala.

Rispar. – Salir precipitadamente de un lugar. Se aplica a las personas como a los animales.

Rocío, a. – Aplicado a los caballos, rubicán o rucio.

Rodarse. – Dar en el suelo con una persona, animal o cas, a consecuencia de un balazo o de un golpe. *Se lo RODARON o apearon.*

Rodar tierras. – Lo mismo que *andar andando* por las naciones extranjeras; rodar mundo.

Roleta. – Ruleta. En Colombia se dice *roleta*, como se ve en varios artículos literarios publicados en *La Pluma* por el novelista Guarín.

Rompopo. – Sabrosa bebida, que se confecciona con aguardiente, leche, huevos, azúcar y canela.

Ronrón. – (Ferolia variagota). Madera excelente para las obras de ebanistería. – Escarabajos peloteros (género scarabacus de Linneo). – Juguete de los muchachos, a que el Diccionario llama *bramadera*.

Ropo. – (Rope, inglés). – Cuerda, cordel.

Rosquete. – Pan de harina de maíz amasada con manteca de res y *dulce*, hecho en forma de rosca y cocido en el horno.

Ruco, ca. – Ruin, inútil, inservible.

Ruchique. – Mancerina de madera.

Rumbar. – Arrojar una cosa. Se usa también como reflexivo: *el muchacho se RUMBÓ al suelo; el hombre se RUMBÓ al río.*

Rumbiar. – Andar en los jaleos de los barrios.

Rungo, ga. – Se aplica a las personas pequeñas de cuerpo.

S

Saber de buen origen. – Saber de buen original o de buena tinta.

Saber los secretos de uno. – Para obtener esto, se beben las sobras de licor que deja en la copa la persona cuyos secretos se quieren adivinar.

Sabrosera. – Sustantivo muy usado, con que expresamos la cualidad de sabroso.

Saca. – En las riñas de gallos en que se aventura dinero, la parte proporcional de la ganancia que se le da al dueño del gallo que ganó. La proporción es de un real por cada peso.

Sacabuche. – Instrumento que se usa por Navidad, y consiste en una jícara o calabazo tapados con un pergamino estirado, en cuyo centro se coloca una cabuya o un palito de ocote, encerados. Pasando por ellos los dedos se produce un sonido desapacible, que sirve de bajo en las orquestas populares de los nacimientos. Nuestro *sacabuche* parece ser la zambomba de la Academia.

Sacar la jícara. – Dar a uno, con palabras o acciones, motivo de satisfacción, con el fin interesado de ganarse su voluntad.

Sacasebo. – Paniaguado, servil.

Sacar versos. – Aunque Honduras ha tenido muy buenos poetas, parece que en lo general el pueblo no quiere bien a los discípulos de Apolo. De otro modo no se explica cómo pudo haber inventado o prohijado la frase *sacar versos*. Horrorizados se pondrán los lectores con saber que este pueblo ha encontrado semejanza entre un caballo viejo, atado a un poste y sin qué comer, con un poeta cuando está más inspirado. Dicen que el caballo en aquella situación, en que aparece como dormitando, está *sacando versos*. Apostaríamos que este pueblo belicoso no compararía jamás al último de sus generales con un cuadrúpedo.

Sacar raja. – Sacar buen provecho de una cosa o *negocio*.

Sacatinta. – (Justicia purpurea). Arbusto como de una vara de alto, de cuyas hojas se extrae un juego azul que mezclan las mujeres con el engrudo con que almidonan la ropa.

Sacón. – Derivado de sacar en la acepción que le damos a este verbo en la frase *sacar la jícara*. *Sacón* es el que *saca la jícara*.

Salar. – Quedar execrado. – Entre los muchachos este verbo significa una obscenidad.

Salbegar. – Corrupción de *enjalbegar*: blanquear las paredes de las casas de *bajareque* con una mezcla de cal y tierra blanca.

Salir la venada careta. – Irle mal a uno en un negocio o intento.

Saltón. – Langosta pequeña, de color rojo, sin alas y que cubre la tierra como hormiguero.

Saludes. – Por memorias, recuerdos, tal vez sea un arcaísmo:

> "Dale al barquero las *saludes* mías,
> Y Dile que me importa en todo caso
> Que vele en mi servicio por seis días
> Trillando aprisa del infierno el paso".

(Villaviciosa. – La Mosquea. – Canto VIII).

Salvajismo. – Salvajez. Es término de los periodistas, tanto de América como de España.

Samotana. – Molote, bullanga.

Sancocho. – Vianda medio cocida y sin sazonar. – Manjar de carne salada o tasajo y verdura.

Sándalo. – Cierta tela ordinaria que sirve para forro de vestidos.

San Félix. – Lance principal del juego de billar: consiste en meter de un tiro las tres bolas en las troneras. El que hace *San Félix* gana la partida.

Sangradera. – Sangre cocida en la olla. – Sangradura.

Sangre. – Se usa en las expresiones *ser de sangre ligera* y *ser de sangre pesada*, aplicadas a las personas; con la primera significamos que aquel de quien se trata es simpático, o que *cae bien*; y con la segunda, que es antipático, o que *cae mal. Tiene sangre de horchata* la persona que sufre con paciencia las flaquezas de los prójimos, tal como lo manda el *Catecismo* del Padre Ripalda.

Sangría. – Hipocrás: bebidas confeccionada con vino, azúcar, canela y otros ingredientes.

Santa María. – Árbol de excelente madera de construcción.

Santulón. – El adjetivo *santurrón* alterado.

Sapalote. – Color moreno de una clase de maíz. En azteca, *zapalotl* significa banano, plátano.

Sapaneco, ca. – Rechoncho, *zaporro*: dícese de la persona gruesa y de pequeña estatura. La raíz de este adjetivo es el nombre azteca *tzapa*, enano.

Sapo. – Cuña de madera que hay en los trapiches para impedir que el moledor meta la mano entre los cilindros que machacan la caña.

Sardo, da. – Color pintado de negro y blanco, cuando las manchas son pequeñas.

Sarsear. – Producir un instrumento de música, por roto o mal tocado, un zumbido desagradable que acompaña a cada sonido.

Sartén. – Cajete con asas y vidriado. Damos a este sustantivo género masculino.

Saté- – La palabra francesa *satín* españolizada. Tela delgada de lana o de algodón, que se emplea por lo común en forros de vestidos de casimir.

Saurín. – El Diccionario dice zaborí. Nuestro *saurín* es valencianismo, tomando, por supuesto, en cuenta que nosotros pronunciamos la *z* como *s*.

Sembrío. – Cualquier plantita que se cultiva en una huerta o jardín.

Sendos. – El único adjetivo distributivo que tenemos en castellano no se usa como tal, sino en lugar de largos, grandes.

Sentidos. – Nombre con el que conocemos las *sienes*.

Señora. – La mujer, la esposa.

Ser más hojas que almuerzo. – Frase que se usa también en Costa Rica, como lo atestigua el señor Gagini, y significa, allá y aquí, "ser más el ruido que las nueces, tener poca sustancia una cosa que aparece como grande e importante".

Ser más viejo que préstame medio. – Ser más viejo que préstame un cuarto.

Sesudo, da. – Testarudo.

Siemprevisa. – (F. amarantáceas). La común en Honduras es una yerba ramosa, de dos palmos de alto, con tallos articulados, y de cada articulación salen tres o cuatro tallos en contorno, que sostienen hojas agrupadas, en cuya cima salen las flores de tres en tres y de cuatro en cuatro. Las hojas son lanceoladas y las flores esféricas, encarnadas o blancas. La decocción de las flores es antiafrodisíaca, quita la sed y es útil en las fiebres ardientes.

Siete cueros. – Tumor que se forma en la planta del pie de algunas personas que no usan zapatos.

Silla de manos. – Silla de la reina.

Sinvergüenza. – Uniendo la preposición *sin* con el sustantivo *vergüenza*, hemos formado nuestro adjetivo *sinvergüenza*, que lo variamos en número: *sinvergüenzas*; y el adjetivo así formado, necesariamente teníamos que sacar un sustantivo, que lo es *sinvergüenzada*: vale desvergüenza.

Sique. – Baile que se efectúa brincado y haciendo posturas algún tanto deshonestas.

Si quieres empobrecer, compra lo que no has menester. – Compra lo que no has menester, y venderás lo que no podrás excusar.

Siringa o sirindanga. – Borrachera.

Sirop. – Esta palabra árabe, al sentir de Mayans y Siscar, se traduce por *jarope*. Dozy y Engelmann, tratando de las transformaciones de *Charab*, en el sentido de *sirop*, dicen que en francés es *syrop, sirop,* agregando que esta última forma ha sido adoptada también por los españoles. De manera que la crítica a nuestro *sirop*, o *sirope*, como resulta en la pronunciación, es infundada, según el parecer de las dos respetables autoridades que se acaban de citar.

Sitial. – Vale dosel.

Sixalaya. – Bebida que se hace en la Mosquitia, de plátano *guineo* sazón, cocido y deshecho en agua.

Sobar. – Componer una dislocación.

Sobijón. – Del verbo *sobajar*, manosear con fuerza una cosa ajándola, suponemos que se ha formado este vocablo, que significa la acción o efecto de sobajar a una persona.

Sobrebotas. – Polainas de cuero curtido.

Sobrefundas. – Funda de lienzo blanco, en que se mete la almohada de la cama.

Socar. – Apretar, ajustar. Entra este verbo en la frase muy vulgar: *fulano se socó la gorra*, con lo que se da a entender que la persona a quien se refieren hizo frente a un peligro y supo vencer las dificultades. Perder lo que se esperaba obtener, frustrarse un intento.

Socarro, a. – Socarrón.

Socolar. – Cortar el monte bajo y las ramas inferiores de los árboles, como se hace en los terrenos que se preparan para las siembras llamadas *tunualmiles*.

Sofoquina. – Vale sofocón. Es término familiar.

Soguilla. – Gargantilla, que ya solo usan las mujeres del pueblo.

Solar. – Terreno dedicado para la edificación. – Trascorral.

La primera acepción que damos a *solar* es la misma que dieron los conquistadores, como puede verse en cualquiera acta en que conste la fundación de alguno de los pueblos de Hispanoamérica:

"Aveis de saber que como luego que se pobló aquella ciudad y el Almirante repartió los *solares* para que los españoles ficiesen, como hicieron, sus casas, é les señaló las caballerías é tierras para sus heredamientos, etc."

(Oviedo. – Historia General y Natural de las Indias. – Tomo I, pág. 49).

Según la ley 1ª, título 12, libro 4° de la Recapitulación de Indias, el *solar* era un paralelogramo rectángulo de cien pies de largo y cincuenta de ancho.

Solfear. – Bastante molestia nos causa oír en el vecindario a un aprendiz de música solfear día y noche; hay momentos en que deseaos que la policía intervenga y se lleve al futuro Bellini a las afueras de la población. Pero esta molestia es nada si se compara con el dolor que nos causaría *quedar solfeando*, en la acepción que a este verbo damos en Honduras. *Queda solfeando* el tahúr que, torcido en el juego, en una noche pierde su cauda y deja en la calle a su mujer e hijos; el minero que siguiendo una veta invierte en cavar un hoyo todo su haber, y cuando más esperanza tiene de mejorar de fortuna, le dicen los *güirises* que la mina *se ha emborrascado*, etc. Así es que *solfear* significa quedar pobre de la noche a la mañana; y al que desgraciadamente tal cosa le sucede, *está alertando*, *en las latas*, *escuchando donde guisan, en la real quema, en la loma del grito o latiendo troncones*.

Soltura. – Lo mismo que diarrea.

Somatar. – Dar una tunda o zurra. – Vender una cosa por mucho menos de su valor. Creemos que este verbo lo hemos formado de somanta.

Sombra. – Falsa o falsilla.

Sombrereta. – La Academia dice sombrerete.

Sombrero abarquillado. – El sombrero de canal o de teja que usan nuestros clérigos.

Sonconeto. – *Zonzapote* que no ha alcanzado completa madurez. – Tonto.

Sompopo. – Hormiga amarilla, como la de Siria. Se alimenta de las hojas de las plantas. – Guisado de carne desmenuzada, que se rehoga en manteca de cerdo.

Sonto, ta. – Tronzo: dícese de la persona o animal que tiene cortadas una o entrambas orejas.

Soñar. – De la semejanza que hay entre los fenómenos psicológicos *soñar despierto y forjarse ilusiones*, ha resultado que, contra las reglas de la gramática, conjuguemos el verbo soñar como pronominal. *Pedro se soñaba ya ser presidente de la República*, es lo mismo que decir que *Pedro acariciaba la ilusión de que sería el primer jefe de la República*.

Sopa de vino. – Sopa borracha.

Sopear. – Damos a este verbo la acepción de sopetear.

Sopimpo, pa. – Muy bueno.

Soplar. – Una de las acepciones que a este verbo da la Academia es la de comer o beber mucho; de donde tal vez hemos tomado el uso de sustituir con él a cualquier otro verbo cuya acción queremos ponderar. *En una noche me soplé la María de Jorge Isaacs,* quiere decir que leí esta novela en una noche; *en menos de una hora ya se había soplado dos leguas,* significa que en aquel espacio de tiempo el viajero a quien nos referimos había caminado la cantidad de leguas expresada.

Soplar y hacer limetas. – Fácil, *chichón*. Se usa en el trato familiar y en oraciones negativas o de sentido negativo. *Eso no es como SOPLAR Y HACER LIMETAS.*

Sorbitorio. – Medicina preparada para sorberla por las narices, o la acción de sorber esta medicina.

Suampo. – (*Swamp*, inglés). – Ciénaga.

Subírsele el indio a la cabeza. – Enojarse, emberrenchinarse.

Subvencionar. – Acordar o dar una subvención. Nuestro parecer nada vale, pero si se nos pidiera, votaríamos por que este verbo se incluya en el catálogo de las voces españolas, por las razones que expusimos al hablar de *presupuestar*. (Véase esta palabra).

Suelda. – Suelta: traba con que se ata de mano y cacho al ganado vacuno *milpero*.

Suerte de caña. – Plantío de caña de azúcar contenido en un cuadrado de cien varas por lado.

Suertero, ra. – Aplicase a las personas que tienen suerte o que son dichosas.

Suita. – Gramínea inmejorable para forraje y para cubrir por fuera los techos de las casas.

Sulfatillo o sulfatón. – Planta pequeña, de tallos débiles, cuadrados y frágiles. La hoja es como de una pulgada de largo, en figura de corazón y con cortes a la orilla. Echa una panoja de flores pequeñas, alternadas y de color morado. Toda la plana es amarga, y la decocción de ella tiene las propiedades del sulfato de quinina para curar las calenturas.

Sumariar. – Instruir la sumaria o parte preventiva del juico criminal.

Suncuán. – Colmena de avispas rojas. – Tonto. – Desgarbado en el andar.

Sun sun. – Valerse de mañas para hacer creer a una persona que se realizarán sus deseos, es *ponerla en el sun sun*.

Susceptible. – Para nosotros, de acuerdo con Salvá en su *Diccionario Francés-Español*, significa delicado, expuesto a enojarse, a alterarse; por lo que *susceptibilidad*, que no consta en el Diccionario de la Academia, es suma delicadeza, propensión a incomodarse, a enojarse fácilmente.

Sute. – En algunos departamentos de Honduras, el aguacate largo, que es más grueso de la parte inferior que de la superior.

Suyate. – Esta palabra es de origen mejicano, *zuyatl* o *zoyatl*. *Suyate* o *soyate* es la palma que produce los dátiles y que sirve para cubrir los *ranchos* o chozas.

T

Tabanco. – Con el significado de tienda donde se vende de comer para los pobres, no se conoce en Honduras; pero sí con el de *desván*. En esta última acepción, *tabanco*, o más propiamente *tapanco*, se deriva de la palabra azteca *tlapantli*.

Tabique. – Corrupción de tabica. De este nombre formamos el verbo *entabicar*, que el Diccionario trae con la primera sílaba supresa: *tabicar*.

Tablear. – Entre los curiales, notificar una sentencia o decreto por medio de un aviso que se fija en una tabla que para este efecto hay en el despacho del Tribunal.

Tacotal. – Lodazal, ciénega, *pegadero*. Las raíces aztecas de esta palabra son: *tlacotl,* junco, y *tlalli*, tierra si acaso no es un derivado del talque.

Tacotalpa. – El gallo de piel y sangre negras. *Tlacotlalpan*, dice Clavigero que era una ciudad principal del país designado después con el nombre de Tabasco.

Tacuacín o guazalo. – (Didelphis oposum). – *Tacuatzín*, azteca. Animal mamífero, de los marsupiales. Es por lo regular como de quince pulgadas de largo, de color gris, de fuerte cabeza, de larga y flexible cola, y los pies son de pezuñas separadas. La hembra tiene una cavidad en el vientre, donde conserva los hijos. Se alimenta principalmente de gallinas. En Venezuela se conoce a este animal con el nombre de *rabo pelado*.

Tahures. – Los aficionados al juego de dados tienen su germanía, ininteligible para aquellos a quienes no nos gustan semejantes entretenimientos. Consignaremos algunos de los términos que usan dichos tahúres:

Machucar: casar los dados de manera que se queden besando las puntas del uno con las del otro.

Dado seguido: aquel que se hace colocando los puntos de ganar unos en pos de otros.

Negra: dado que tiene sus puntos de solo ganar, y que jamás se pierde.

Contra: dado que tiene sus puntos de solo perder.

Tajarrazo o tarrajazo. – Herida grande causada con arma cortante; y la cicatriz que deja esta herida.

Taladro. – Vale socavón.

Talaje. – *Tlalaxi*, azteca. – Chinche. Este bicho y el *telepate* abundan en algunas casas de las aldeas, y con sus frecuentes picaduras no dejan conciliar el sueño.

Talchocote. – Árbol elevado, que produce unas frutas parecidas a las aceitunas. Las frutas, que cuando están maduras son negras y lustrosas, tienen su aplicación en la medicina popular contra la disentería. Suponemos que esta palabra es la mejicana *tlalxocotl*, alumbre, nombre que se daría al árbol por el sabor *amarroso* de la fruta.

Talguate. – Las partes del cuerpo humano que habiendo sido gordas se han enjutado a consecuencia de una larga enfermedad o por el transcurso del tiempo. La gente vulgar insulta a las mujeres de su laya llamándolas *talguatosas*, aludiendo especialmente a las mamas cuando se supone que están en la condición arriba descrita. *Taiuatl* en azteca significa nervio.

Talnete. – Panal que hace en la tierra cierta especie de abejas; la miel es agria y tiene propiedades medicinales.

Talonera. – Contrafuerte de suela, que se pone en la parte del zapato que cubre el calcañar, entre el forro y la tela o cuero de que se hace el calzado.

Talpetate. – *Tepatatl*, azteca. – Piedra caliza y arenosa que, en forma de capas, existe en el territorio hondureño, la cual se emplea en los pavimentos de los caminos carreteros.

Talpuja. – Terreno *talpetatoso*, con cuarzo y oro.

Talle. – Especie de almilla interior, sin mangas, de que usan las mujeres para ceñirse el cuerpo desde los hombros hasta la cintura.

Talludo, da. – Coriáceo: lo que, con la apariencia de blando, ofrece alguna o bastante resistencia, ya se trate de los físico o de lo moral. El árbol que sin ser duro cuesta dividirse no obstante los hachazos del labrador, es *talludo*; así como lo es el deudor de plazo vencido a quien el acreedor insta constantemente a que cumpla con su obligación, y no lo verifica teniendo medios y hasta voluntad de pagar.

Tamagás. – Culebra más venenosa que el cascabel. Las más temibles son la *carretilla*, *barba amarilla* y *chinchintor*.

Tambarria. – Fiesta o baile de gente de la ínfima clase social y de no muy buenas costumbres. En Colombia significa jaleo.

Tangallar. – Estar alcanzado en un trabajo, e ir disminuyendo cada día la actividad con que se comenzó.

Tango. – Instrumento de música usado por los morenos de la Costa Norte, de forma cilíndrica, de doce o más pulgadas de diámetro y treinta o más pulgadas de longitud, cubierto en una de sus extremidades con pergamino formado del estómago de res. El cilindro es de una sola pieza de palo ahuecado. Se toca dando golpes espasmódicos sobre el pergamino.

Tanque. – Aféresis de estanque.

Tantear. – Calcular lo que cuesta aproximadamente una cosa. – Ponerse una persona en acecho.

Tapa o estramonio. – (Datura stramonium de L.) Solanácea parecida a la higuerilla, muy venenosa, que aun en pequeñas dosis causa locura y otros desórdenes. Es excitante y narcótica. Fumando las hojas secas como el tabaco, se alivia el asma. Indudablemente esta planta fue conocida por los aborígenes como medicinal, porque el nombre que lleva es un apócope de *tlapatl*, palabra azteca; aunque según Rémi Simeón el verdadero nombre de esta planta es *toloa* o *totatzin*.

Tapabalás. – Ha de ser apócope de tapabalazo. Cubierta que formaba parte de los pantanos que usaban nuestros mayores. Hacía veces de portañuela.

Tapachol. – Barrusco. – Pelo crespo y desgreñado. Es palabra de origen mejicano.

Tapado. – La olla de nuestros arrieros: se compone de carne salada y plátano *macho* maduro. – En las fiestas de media clase, la última pieza que bailan las mujeres, ya con el pañolón o abrigo puestos.

Tapascuao o tapaculo. – Nombre que también tiene el Cauloto. La primera de estas palabras es de origen mejicano, y la segunda se deberá a que el fruto comido en abundancia causa estitiquez.

Tapayagüe. – Lluvia pasajera, no tan abundante como el aguacero. Es muy extraño que del verbo azteca *tlapayaui*, llover a cántaros, hayamos formado nuestro sustantivo *tapayagüe*, con que nombramos las lluvias menudas del mes de noviembre, que caen cuando han pasado ya los aguaceros y comienza la estación de los hielos.

Tapegua. – *Tlapeualli*, azteca. – Trampa, armadijo para coger animales salvajes.

Tapesco. – *Tlapechtli*, azteca. – Cama de madera rolliza y delgada, o de carrizo, que se coloca en cuatro palos fijos en el suelo, en la cual duerme la gente pobre de nuestras aldeas, especialmente la que pertenece a la raza aborigen. Hay veces que los *tapescos* se cuelgan del *tabanco* del *rancho* con unos *mecates*, pero entonces no sirven de lecho sino para poner en ellos comestibles o los trastos livianos que forman parte del ajuar de la dueña de la choza. En *tapescos* trasportan a veces enfermos, y aun, a falta de andas, llevan en ellos al cementerio los cadáveres de las personas cuyos deudos, por su pobreza, no pueden costear la caja mortuoria.

Tapetado. – Piel de venado curtida y algunas veces teñida de negro por el lado de la carne. En los ingredientes de la tintura entra el *lodo agrio*. La industria de curtir y teñir estos cueros la ejerce en la aldea de Soroguara, término municipal de Tegucigalpa.

Tapial. – Las tapias que circundan los solares de las casas. La misma acepción de a este término el general Mitre, describiendo la batalla de Maipú, en la *Historia de San Martín y de la Independencia Sudamericana*.

Tapián. – *Tlapiani*, azteca. – Sirviente que en muchos pueblos de la comunidad al cura.

Tapiscar. – Cosechar el maíz, desprender la mazorca seca del tallo. Esta palabra es compuesta de las mejicanas *tla*, pronombre indefinido de cosa, y el verbo *pixca*, que significa guadañar, segar.

Tapones. – Entre los mineros, *argamasa* de metal, liga o litargirio, escoria y algunas veces residuos de quemazón fundida, que quedan en los hornos de fundición y que como *caídos* corresponden a los dueños de estos.

Taquear. – Verbo que hemos formado del sustantivo taco. Meter y apretar los tacos en las armas de fuego; atacar.

Taquilla. – Cajón con muchas divisiones, en cada una de las cuales colocan los estanqueros una botella. Antes se daba el nombre de *taquilla* al estanco.

Taramba o caramba. – Instrumento músico, que consiste en un arco de madera formado con un alambre que se ata de sus extremidades. Para sonarlo se golpea con un palillo la cuerda; y el compás se lleva tapando y destapando con la mano izquierda la boca de un *morro* o *jícara* adherido al arco y la cuerda con un cordel. Según el autor de *María*, los negros de los Chocoes fabrican este instrumento de un trozo de guadua, y se llama en Colombia *carángano*.

Taranta. – Desvanecimiento, aturdimiento.

Trantín. – Trasto viejo, cachivache.

Tarja. – Tarjeta.

Tarlatana. – Cierto género de que hacen vestidos las mujeres.

Tasacual. – *Tlatzaqualli*, azteca. – Colmena de *blanco* o *jimerito* con su correspondiente enjambre.

Tasajear. – Aféresis de atasajar.

Tata. – Además de dar este tratamiento ciertas personas a su padre, según queda dicho (véase Nana), lo da también la gente de pueblo a las personas de edad avanzada.

Tatapinol. – Maíz sancochado, tostado, molido y batido en agua con dulce.

Tataratear. – Corrupción del verbo tartalear. Tenemos también el adjetivo *tatarate*, que principalmente se aplica a los trompos que se mueven mucho cuando bailan, por tener torcido el *puyón* (púa).

Tayacán. – La persona que sirve de guía a la yunta de bueyes que tira el arado. El criado o sirviente de a caballo, que acompaña al amo con las provisiones más urgentes en el camino.

Taza bola. – (*Boul*, inglés). – Taza grande, sin asas.

Tecina. – *Tecini*, azteca. – La criada que, como la *tortillera* o molendera, desempeña las faenas más pesadas de la casa.

Tecolía. – Cansancio que experimenta la persona que se moja en los vados o pasos de los ríos después de haber caminado mucho a pie, el cual se revela por un entumecimiento en las piernas.

Tecolote. – *Tecolotl*, azteca. – Buho, *estiquirín*. – Nagual.

Tecomajuque. – *Tecomaxochitl*, azteca. – Berbería. Es yerba medicinal.

Tecuán. – *Tecuani,* azteca. – Nombre común a toda clase de fieras; pero nosotros lo aplicamos principalmente a la pantera. (Félix pardalis).

Telele. – Patatús.

Telepate. – Insecto áspero, muy molesto, que prefiere la tierra para su morada. (Véase Talaje).

Tembleque. – Temblores continuados, en particular los fingidos o que parecen serlo.

Templa. – Abundancia de cosas hechas en una tienda, especialmente de comestibles. *TEMPLA de pan, TEMPLA de conserva.*

Templarse. – Verbo que vulgarmente se usa en lugar de morirse. La misma acepción tienen *planear* y *pelarratas*. – Mostrarse valiente, con serenidad.

Tenamazte. – *Tenamaztli*, azteca. – Cada una de las piedras que servían para el fogón a los aztecas. Todavía los que viajan por las pampas hondureñas, cuando tienen que dormir en despoblado, improvisan con *tenamaztes* el fogón en que preparan sus alimentos. *Tenamazte* en nuestra habla es una piedra grande, que se puede manejar.

Tencho. – Nombre genérico de los cerdos, sainos, *jagüillas,* jabalíes, etc.

Tendal o tendalada. – Varias cosas de una misma especie, extendidas sobre una cuerda tirante y expuestas al aire, al sol o al fuego para que se sequen. *TENDALADA de ropa, TENDAL de carne*.

Tender el ala. – Frase familiar, que se traduce por arrastrar el ala, requerir de amores.

Tener cacao. – Tener talento.

Tener muchas gavetas. – Decimos de la persona que por sus astucias o mañas no se le puede engañar, que *tiene muchas gavetas.* Esta frase equivale a *tener mucha trastienda*:

"¿Me quieres engañar a mí eh? ¡Ay, hija! He vivido mucho y *tengo yo mucha trastienda* y mucha penetración para que tú me engañes".

(Moratín. – El sí de las Niñas).

Tepache. – Elaboración y venta clandestinas de aguardiente. Esta palabra es azteca, y una de sus raíces es el verbo *pachoa*, que entre otras acepciones tiene la de ocultarse, esconderse.

Tepemechín. – Pez que habita por lo regular en las honduras de los ríos inmediatos a los saltos de agua. Su carne es muy apreciada. La palabra es compuesta de los mejicanos *tepetl*, altura, y michín, pez.

Tepesquear o pepesquear. – Verbo que se usa generalmente en gerundio con andar. *Anda tepesqueando* la persona que sale al vecindario, barrio o aldea a visitar a sus amigos, y por medio de su afabilidad logra que estos le hagan obsequios de comestibles. Creemos que este verbo es el mejicano *pepechia*, enriquecerse, acrecentar uno sus bienes.

Tepetate. – *Tepetatl*, azteca. – Tierra de mina que no tiene metal.

Tepezcuinte. – *Tepeitzcuintli*, azteca. – Clavigero, perito en todo lo que atañe a la historia antigua de Méjico, dice que el *tepeitzcuintli* es un perro montaraz, fiera tan pequeña, que no excede del tamaño de un cachorro; pero tan atrevida, que acomete a los ciervos y tal vez los mata. El *tepezcuinte* de Honduras no es perro ni fiera, aunque sí se defiende cuando se ve acometido. Tanto habita en lo más crudo de las montañas como en las costas; su carne es muy estimada. La academia llama a este cuadrúpedo *tepeizquinte*.

Tequiar. – Dañar o perjudicar, molestar con servicios. *Esta casa es muy TEQUIADA del agua*. Este verbo se deriva del sustantivo azteca *tequitl*, que significa carga, tarea, etc., y lo hemos visto usado en un decreto del Gobierno de Honduras.

Terebeco, ca. – Se dice de la persona temblorosa y que anda como si estuviera ebria.

Terrero, tierrero. – En nuestro modo de ser, tenemos necesidad de estos dos términos, que expresan cosas diferentes. *Tierrero* es montón de tierra; y *terrero*, el lugar donde se reúne el ganado a *terrear*, o sea a lamer cierta tierra.

En minería *terrero* es el lugar donde se arrojan las tierras, *tepetates* y *desmontes*.

Terteca. – Quebrantahuesos. – En mejicano existe la palabra *tletlectli*, con que se designa una especie de halcón.

Tesonero, ra. – Tenaz.

Tetelque. – *Tetelquic*, azteca. – Se dice de las frutas que por abundancia de agua o por falta de ella se quedaron como tiernas, aunque tengan la apariencia de maduras. – Persona débil, enclenque o enfermiza.

Tetunte. – *Tlatuntli*, azteca. – Cosa grande y deforme, como un lío mal hecho. – Tiesto de brasas. En esta última acepción, el vocablo de que tratamos se deriva del mejicano *tletontli*, diminutivo de *tletl*, fuego.

Tibiar. – ¿Qué diría la Academia de nuestro modo de hablar cuando vea que siempre tiramos por el atajo? A algunos verbos, como *tejar*, les anteponemos la sílaba *en*, y a otros, como *entibiar*, se la suprimimos.

Tica. – Juego de muchachos, que lo ejecutan arrojando un *mable*, *pacón* u otro objeto con el dedo del corazón, tal como si se fuera a dar un papirotazo.

Ticeras. – Dicen que nuestros mayores daban este nombre a la manifestación de la pubertad en las mujeres. – Tijeras.

Tico, ca. – El natural de la República de Costa Rica.

Tienda de abarrotes. – Ferretería.

Tierra podrida. – *Mantillo*, tierra vegetal.

Tierral. – Polvareda.

Tigre. – (Félix onza). Jaguar: es de un color moreno claro, con listas negras en la cabeza, variada con irregulares manchas negras en los flancos, y el vientre blanco; rara vez ataca al hombre, y sus guaridas son casi inaccesibles a los pies humanos. También existe el *Félix discolor*.

Tigrera. – Juego en que intervienen dos personas: la una juega a unos granos de maíz, que llaman *perros*, y la otra a un solo grano, diferente de los otros, que es el *tigre*. Este juego es puramente de entretenimiento y tiene alguna semejanza con el de damas.

Tigüe. – Muchacho moreno.

Tigüilote o uvito. – (Grosularia margarita). Árbol elevado de los climas cálidos. Las flores tienen las mismas virtudes que las del saúco. Si el nombre azteca de este árbol es *tecuitlatl*, se deberá a la sustancia glutinosa que contienen las frutas; o si acaso es compuesto de *tlilli* y *quauhxiotl* (véanse **Tile** y **Caulote**), llevará aquel nombre

179

por el mucílago de la cáscara, como dice el señor Batres, sirve para precipitar el añil en las pilas.

Tijeras. – Boca: cada uno de los dos miembros, en forma de tenazas, que tienen junto a la boca los cangrejos y camarones.

Tijerilla. – Insecto afaníptero, cuya parte posterior del cuerpo tiene forma de tijeras, a la cual debe su nombre.

Tijuil. – Pájaro de color negro, conirrostro, parecido al *zanate* y de corto vuelo; con un canto imita el nombre con que se le conoce.

Tijul. – Querido o amante. – Tijuil.

Tile. – *Tlilli*, azteca. – Tizne, hollín, carbón de ocote o de cualquiera otra materia. Fernández de Oviedo dice que este vocablo significa carbón de pino con que se herraba a los esclavos y se pintaban los indios.

Tiliche. – Cosas menudas de poco valor, cachivaches.

Tilichera. – Caja donde se guardan los *tiliches*. Las de los *achines* (buhoneros) tienen una tapa de vidrio para que los *tiliches* estén a la vista de los compradores.

Tilinte. – *Tilictic*, azteca. – Tirante, tenso, valiente. – Verde, refiriéndose a las frutas.

Timba. – Vulgarmente la barriga. *Timbón* es aumentativo de *timba*.

Timbo. – Era un animal fantástico, cuadrúpedo, según cuentan los que lo vieron, que se aparecía a los que, sin respetar el toque de queda, salían a escondidas de sus casas a pasear por la noche. – Cierto reptil corto y grueso.

Timón. – Tiento, contrapeso: palo largo de que se valen los volatines para mantenerse en equilibrio sobre la cuerda.

Tinaljuco. – *Tonaxocotl*, azteca. – Es una variedad de *jocote*, que produce una fruta de forma ovoide, cuya corteza o epicardio es amarillo, a diferencia del de los otros *jocotes*, que es morado rojo. La cosecha de las frutas se verifica en el verano.

Tincute. – Especie de buitre, parecido al zopilote, del que se distingue por tener aquel la cabeza algún tanto roja.

Tinterilla. – Lora.

Tinterillo. – Leguleyo de mala ley:

"Con tales disposiciones, los *tinterillos* y abogados *articulistas*, que hacen alarde de eternizar los pleitos, quedan completamente desarmados".

(Informe de la Comisión que redactó el Cod. De Proc. De Honduras).

Tinto, ta. – Por antonomasia se llama tinto al vino de color oscuro, casi negro; y nosotros decimos que es *tinta* la cosa que tiene un color igual al del vino de que acabamos de hablar. *Rosa TINTA, pañolón TINTO*.

Tío coyote y tío conejo. – ¡Dichosos aquellos tiempos en que, cuando éramos niños, pasábamos las primeras horas de la noche oyendo los cuentos de *tío coyote y tío conejo*! Cada persona los refería a su manera, es decir, con más o menos episodios. Pero de cualquier modo que fuera el cuento en que entraban estos personajes, en el *coyote* sobresalía el carácter de animal felino, y en el *conejo*, la astucia.

Tipo. – Persona original:

"Para sus críticas representaba, en sus pastores y pastoras, a los *tipos* de las personas distinguidas por su importancia política o social".

(Rosa. – Biografía de José Trinidad Reyes).

Tira o telendas. – Muy poco tenemos que decir acerca de las *tiras*, porque hace mucho tiempo que desaparecieron de nuestras costumbres. Eran las *tiras* fiestas muy alegres, que se verificaban la víspera del miércoles de ceniza. La diversión consistía principalmente en quebrarse en la cabeza los concurrentes las cáscaras de huevo que con anticipación se habían llenado de agua de olor.

Tirantear. – Poner tensa una cosa, como una maroma.

Tiricia. – A mediados del siglo pasado, ictericia había perdido sus dos primeras letras, como aparece en los *Orígenes de la Lengua Española*, de Mayans y Siscar; y en las *Obras Sueltas*, de Lupercio y Bartolomé Leonardo de Argensola, encontramos *tiricia* por *ictericia*. En Honduras, lo mismo que en Colombia, apoyados en esta autoridad, casi siempre designamos aquella enfermedad con el primero de estos vocablos que se acaban de indicar.

Tiro. – Senda por la que se arrastra madera.

Tisis. – No pocas veces hacemos adjetivo este sustantivo, dándole la acepción de tísico.

Tiste. – *Textli*, azteca. – Lo mismo que *pinolillo*. (Véase esta palabra).

Titante o zanatero. – *Titlanti*, azteca. – En algunas partes, el niño que se da en compañía a las jóvenes para evitar que sean requebradas.

Titiritaña. – Tiritaña: cosa de poca substancia o entidad. – Función de títeres.

Titiritar. – Tiritar: temblar de frío.

Titís. – Bolsita que tienen las aves en la parte posterior, encima de la cola, y en la que hay un líquido mantecoso llamado *almizcle*, que extraen con el pico y se untan en las plumas, cuando llueve mucho, para que el agua resbale.

Tizate. – Sustancia blanca, que se prepara de una piedra calcinada, que suponemos que es la que los mejicanos llaman *chimaltizatl*. El *tizate* sirve para escribir sobre las pizarras de madera.

Tiznado. – Ebrio.

Tocar. – Dar golpes en la puerta o hacer alguna otra señal para que abran; llamar. Si bien el Diccionario, cuando da las acepciones de *tocar*, no dice que tiene la de *llamar*, esta es una omisión como cualquiera otra. Para la docta corporación dichos verbos, en el sentido indicado, expresan un mismo concepto.

"Responder... Contestar uno al que le llama o *toca a la puerta*".

(Diccionario de la Academia).

Se dice que una persona está *tocada* cuando da muestras de enajenación mental.

Tocino. – Lardo: la grasa del cerdo.

Tolvada. – Abundancia de cosas menudas.

Tomar. – A veces es emborracharse, *beber, echar tragos, chupar.*

Tomar tragos. – Para la generación que está concluyendo, *tomar tragos* es beber café o chocolate; para la generación que se levanta, *tomar tragos* es beber aguardiente o coñaque.

Tononete. – *Tuntuneco, zonzoriano*, o si se quiere, tonto, pero en grado superlativo.

Topar. – Según el Diccionario de la Academia, *tope* significa *reyerta, riña* o *contienda*; de donde hemos dado a *topar* la acepción de pelear, reñir. *Topar los gallos* es echarlos a pelear sin navajas.

Topetear. – Lo usamos en el sentido que la Academia da a *topetar*: dar los animales cornudos golpes con la cabeza en alguna cosa. El verbo *topetear* ha existido o existe, al sentir de Monlau:

"A estas raíces (a las de *tope*) se refieren, pues, entre otras voces, las castellanas *tope, topa, topar y topetear*".

(Diccionario Etimológico).

Topetón. – En las lidias de gallos, *topetón* es la pelea en que los tahúres aventuran dinero al gallo que les sale por suerte.

Toponear. – En las compras al por mayor de artículos como de consumo, comprar por junto y por un solo precio todas las cosas que venden una o varias personas.

Torcer. – El notable literato y publicista hondureño Dr. Don Ramón Rosa, en su precioso cuadro de costumbres *Mi Maestra Escolástica*, subraya el verbo torcer en el siguiente pasaje:

"Julián me tomó de la mano, caminamos una cuadra, *torcimos* por el callejón de la Casa de Moneda, llamada todavía Caja Real, etc."

El verbo indicado, en el sentido que le da el Dr. Rosa, es de uso corriente entre nosotros; y nos atrevemos a decir que no es un provincialismo:

"*Torcer*. – Dejar el camino recto volviendo hacia uno de los lados".

(Diccionario de la Academia).

"Llega entonces don Dionís, le acusa por el mismo motivo y riñe con él. Rodrigo se retira *torciendo* una esquina, y grita *soy muerto*".

(Lista. – Lecciones de Literatura Española).

Torcido, da. – Desafortunado: se dice de las personas que, no obstante poner cuanto está de su parte para obtener buen éxito en sus negocios, el resultado es contrario a sus deseos.

Tordo. – (Molothrus aeneus). Pajarillo diferente del que en Europa lleva este nombre. Es pequeño, enteramente negro, pero de un negro lustroso.

Torear. – Irritar o estimular a un animal cualquiera para que se enoje o enfurezca.

Torreja. – Por torrija. Es un arcaísmo que con dificultad desterraremos del habla hondureña.

Tortilla. – Torta de maíz cocida en el comal, la cual constituye uno de los primeros alimentos de los hondureños. Hay quien diga que la *tortilla*, a la larga, es nociva a la salud; pero esta opinión parece inaceptable en presencia de los datos estadísticos y de nuestra experiencia personal. Ricos y pobres, todos comemos *tortilla*, y el promedio de la vida del hondureño es el mismo que el del habitante de otra nación donde el principal alimento sea el pan. La que *echa* las *tortillas* o las vende se llama *tortillera*.

Tortol. – Significa lo que el Diccionario de la Academia llama acial; y *atortolar es echar o poner tortol*.

Toto. – *Chilillo* grueso.

Totoposte. – Esta palabra es de origen azteca, *totopochtli*. Vale galleta o tortilla de solo maíz, o bien de maíz revuelto con manteca de res, sal y *rapadura*, cocida en el horno.

Totoreco o tutureco, ca. – Se dice de la persona gibada, coja o con los miembros deformes o torcidos.

Tracalada. – Matracalada: revuelta muchedumbre de gente.

Tragar palabras. – Los niños de los hondureños deben de ser muy robustos, dirán los extranjeros cuando sepan que estos malditos muchachos tragan de todo, puesto que es muy común que se les regañe porque *tragan palabras*. Un muchacho *traga palabras* cuando escucha indebidamente la conversación de las personas de edad.

184

Tramitar. – Esta palabra para nosotros equivale a *instruir, sustanciar*. Aunque el verbo con referencia no tiene la honra de figurar en el Diccionario de la Academia, lo trae como derivado de *trámite* Monlau en su *Diccionario Etimológico*. En Honduras, como en algunas de las otras naciones hispanoamericanas, y aún en España, se usa aquel vocablo en la acepción expresada, y nuestros códigos le han dado sanción legal:

"La recusación se *tramitará* en la forma prevenida para los incidentes".

(Artículo 119 del Código de Procedimientos).

Tramojo. – Acial, *tortol*. – Horquilla de madera que se ata al pescuezo de los cerdos para impedir que entren a los terrenos cercados.

Transar. – Usamos tanto este verbo que a veces hasta olvidamos la existencia de *transigir*, que es la palabra española que expresa la idea de nuestro provincialismo. De *transacción* hemos inducido empíricamente y por comparación con otros sustantivos verbales, que hay verbo *transar*, sin parar mientes en que aquel sustantivo se deriva del supino *transactum*, de *transigere*, transigir.

Trapujo, ja. – Este adjetivo lo aplicamos a las cosas que se adquieren clandestinamente. *Tabaco TRAPUJA o de TRAPUJA* es el comprado de contrabando. Puede ser nuestro vocablo una corrupción de *tapuja*.

Trastabillar. – Bambolearse una persona, tartalear. En el Uruguay dicen *trastabillar*:

"Algunos otros salieron entonces *trastabillando* hasta el patio, y aturdidos empezaron a dar gritos en demanda de socorro".

(B. Fernández y Medina. – Charamuscas).

Treinta y uno, veintiuno. – Estos nombres de juego son en el Diccionario femeninos: la treinta y una, la veintiuna.

Trillar. – Tronchar las bestias al andar el monte menudo de que está cubierto un campo. *Trillo*: la acción o efecto de *trillar*.

185

Trinarse. – Aderezarse y vestirse con demasiada delicadeza.

Trincar. – De la acepción que en náutica tiene este verbo, de asegurar o sujetar fuertemente los cabos que se amarran a alguna parte, proviene que entre nosotros signifique *apretar*. Los *zapatos le quedan a fulano TRINCADOS*.

Tripa. – O tripón, como también decimos, es por acá el gargüero de la res, que, con un cañoncito de carrizo de cohete amarrado en una de sus extremidades, sirve para echar lavativas: mangueta.

Trocopaso. – (*Truck pass*, inglés). – Camino carretero.

Trompezar. – Así se dijo en lo antiguo, y todavía nuestro pueblo sigue poniendo la *m* a tropezar.

Trompo de coyote. – Trompo que se hace del fruto llamado *morro*.

Trompón. – O *trompada*, significa puñetazo; y *trompear*, abofetear.

Tropera. – Se dice de la ramera que anda con las tropas.

Truc. – Árbol parecido al *jícaro*, cuya raíz, que se llama *de zambo*, es un eficaz preservativo de las mordeduras de las víboras.

Trucha. – Tenducha, donde se venden mercaderías solo al por menor.

Trueno. – Pajarillo negro, conirrostro. Causa devastaciones en las sementeras.

Tubo. – O *tubo de fusil*, es lo que la Academia llama *pistón* o *cápsula*.

Tucinte o tiucinte. – Gramínea semejante a la caña de azúcar, cuya hoja, además de ser un buen alimento para el ganado vacuno y caballar, se utiliza en cubrir por fuera techos de casas. Es vocablo de origen mejicano.

Tuco. – Parte o porción de una cosa separada violentamente del todo. – Tocayo: apócope de esta palabra, convertida la primera *o* en *u* y la *a* en *o*. *Llevarse tuco* es engañarse completamente.

Tuerce. – Desgracia. Esta palabra está en el Diccionario de la Academia y tiene la acepción de *torcedura*.

Tul. – Nombre del junco de que se hacen los petates o esteras. Se dice de la palabra azteca *tullín* o *tollín*.

Tuluncona. – Se aplica principalmente a las mujeres gordas y de baja estatura; o las mazorcas de maíz, gruesas y pequeñas. Esta palabra es un aumentativo que hemos formado de *trunco*, convertido en *turunco* en virtud de una metástasis, y en *tulunco* permuta la *r* por *l*.

Tumalé. – Agua de yuca colada, bien cocida, para mezclarla con el pescado. Esta palabra es uno de los principales alimentos de los morenos.

Tumbado. – Los anillos que decimos ser de oro *tumbado*, son con propiedad de tumbaga.

Tumbo. – Onda: porción de agua que se mueve y eleva en el mar, ríos o lagos, impelida por el viento o por otra causa.

Aunque la acepción que aquí damos a *tumbo* no consta en el Diccionario de la Academia, la autorizan buenos hablistas:

> "Esto en muros de vidrio transparente,
> Y en cristalinos *tumbos* de agua fría,
> La ninfa dibujó, y en niebla oscura
> Encantó hasta su tiempo su hermosura.
>
> ....
>
> Los espumosos *tumbos* refrenando
> De entre ellos levantó el gallardo cuello
> Con las nuevas vislumbres deslumbrado
> Al que se atreve con su riesgo a vello".

(Balbuena. – Bernardo. – Canto III).

Tunco, ca. – Cerdo. – Mutilado de manos, pies o dedos. Esta palabra es corrupción de *trunco*. *Truncho* le dicen en Colombia al cuadrúpedo que ha perdido la cola.

Túnico. – Nadie dice en estas tierras la *túnica*. Túnica solo es por acá la de las imágenes, como la de Jesús Nazareno.

Tuntuneco, ca. – Tonto y feo.

Tunualmil. – Milpa que se hace sin preparar por completo el terreno, pues para verificar la siembra se corta solo el monte menudo y las ramas inferiores de los árboles. Esta palabra azteca puede descomponerse así: *tonalli*, ardor, calor del sol, y *milli*, campo. Únicamente en la Costa Sur, bajo un sol abrasador, se hace esta clase de labranzas: tal vez por esta causa se les llama *tunualmil*.

Tus tus. – Las personas que se quieren hacer compadres de *boca*, se enlazan por los dedos meñiques de las manos derechas en presencia de un tercero llamado para que de fe del acto, a quien le corresponde, en cumplimiento de su cargo decir:

Tus tus
De la mera cruz
Compadres, compadres
Hasta la muerte. Amén Jesús.

Al concluir, el ministro de fe da un golpe suave con la mano en el enlace que habían hecho los contrayentes, con el objeto de separar los dedos, y aquellos, desde entonces, se conceptúan compadres y se dan este tratamiento.

Tus tus se usa en otras partes de América: testigo Montalvo:
"Al lado del océano comestible estaban reventando de gordos dos planes tales, que a un difunto le hubieran hecho tus tus".
(Catilinarias. – Página 141).

También se usa o se usó en la Península:
"Y cuando te hicieren tus tus con alguna buena dádiva, envásala".
(Cervantes. – Don Quijote. – Parte II, capítulo L).

Tusa. – Pelandusca. – Cada una de las hojas en que está envuelta la mazorca de maíz. La tusa de la Academia (carozo), es nuestro olote.
Tútano. – Golpe dado con una correa o cosa semejante. – Tuétano.
Tutumilpate. – En el departamento de Santa Bárbara, mala hierba. Aquel término es de origen mejicano y sus componentes parecen ser: tototl, pájaro, milli, campo y patli, remedio.
Tutumuste. – Totomochtli, azteca. – Hoja de maíz y monte seco en forma de montón, que quedan en las labranzas después de cosechado el tunuamil. – mazorca de maíz chica, a veces sin granos.
Tutumustear. – Aplicar el castigo de azotes o palos.

U

Uafe. – (Wharf, inglés). – Muelle.

Uaibó. – Llámase así a un aparato de madera, cubierto por un lado con una plancha encarrujada de hierro galvanizado, sobre la cual se frota la ropa para lavarla. Viene del inglés *wash–board*.

Uaibol. – (Wash boul, inglés). – Tina.

Uizcoyol. – Cierta gramínea espinosa. Es palabra de origen mejicano.

Uizute. – *Uitzoctli*, azteca. (Véase pujaguante).

Untar. – Este verbo, cuando significa corromper con dones, no lo usamos a secas, sino con el acusativo *mano. Fulano nada puede decir sobre tal cosa porque le UNTARON LA MANO.*

Uña de gato. – (Pithecolobium unguis cati). Planta silvestre que echa unos frutos en racimos, y cada uno de aquellos tiene dos ganchos semejantes a las garfas de los gatos. Se asegura que es un febrífugo muy poderoso.

Uñetazo. – Uñada, araño hecho con las uñas.

Urraco. – Zonzapote.

Ustedes. – Con frecuencia usamos este tratamiento en vez de vosotros.

V

Vagamundo. – En lugar de *vagabundo* se dijo así al principio de la conquista, y del mismo modo hemos seguido nosotros diciendo:

"Y de aquí nacía que no había *vagamundos* ni holgazanes, ni nadie osaba hacer cosa que no debiere".

(Garcilaso. – Comentarios Reales).

La Academia dice también *vagamundo* en la palabra *baldío*.

Vacío, a. – Solo. *Está muy pobre fulano: tomó el café con tortilla VACÍA.*

Váguido. – En el *Quijote* de Cervantes encontramos *vaguido* por *vahído*. Nosotros, por supuesto, solo usamos este vocablo en la primera de las formas expresadas, con el acento en la antepenúltima sílaba.

Vaina. – Jareta: la costura que se hace en la ropa doblando una orilla para dejar un hueco y meter por él una cinta o cordón.

Valenciana. – El forro o refuerzo con que se guarnecen interiormente por la parte inferior las piernas del pantalón.

Valentillo. – *Pialera* (soga) corta y delgada.

Varado, da. – La persona que está envarada o con tortícolis, tiene para nosotros *varado* el pescuezo.

Varilla. – Clavícula. – Madera delgada y rolliza, que sirve de lata.

Varita de San José. – Damos este nombre al arbusto que los botánicos llaman malva real.

Vega. – Tierra baja y húmeda, situada a las orillas de un río o arroyo.

Vejigazo. – Vulgarmente, golpe dado con cualquier cosa, aunque no sea vejiga, con tal que haga chicón.

Velorio. – Significa velación. Lo mismo en el Uruguay.

Ventear. – Herrar una persona el semoviente que vende, poniendo la marca de modo que indique que el animal ha salido del dominio del vendedor.

Veranillo. – En la estación lluviosa, *veranillo* es el periodo de algunos días en que se suspenden las lluvias. Al *veranillo* que casi siempre hay pasado el 24 de junio, se le dice de San Juan. La suspensión de aguas, que comienza el 16 de julio y termina el 15 de agosto, se llama *canícula* o *canicular*.

Viatificar. – Sacramentar, dar el viático a un enfermo. Algunas personas, siguiendo a buenos hablistas, dicen *viaticar*, verbo que no consta en el Léxico de la Academia:

"Apretóle hace tres meses de firme la gota, *viaticósele*, desauciósele, etcétera".

(Puiblanch. – Opúsculos Gramático-Satíricos).

Viborán. – (Aselepias curasavica). Arbusto de una o dos varas: las flores en panoja, de un rojo encendido, con estambres amarillos. La leche que fluye de la planta al cortar las hojas o las ramas, es un vomitivo seguro y el más activo veneno contra las lombrices.

Victimar. – Vale matar.

Vida. – En los ruegos, hay veces que para ablandar el corazón de las personas nos valemos de lo que ellas más quieren; y decimos *por tu vida*, tomando en cuenta que uno de nuestros bienes más caros es la vida.

Nosotros y los colombianos posponemos el posesivo:

"Vea que le cojo la palabra. Pero por *vida suya* no vaya a contarle a Tiburcio que hemos estado así tan solitos y..."

(Isaacs. – María).

Vigilia. – Día en que, según la iglesia católica, debe comerse de vigilia. Se anuncia la víspera con un toque especial de campana, que se da enseguida del de ánimas.

Vigo. – Nombre de cierto emplasto. El vigo confortante, que es el que sirve para *defensivos*, es el emplasto rojo de plomo.

Vihuela o guitarrilla. – Guitarra muy pequeña, de cuatro órdenes de cuerdas.

Virriondo, da. – Corrupción de verriondo: *arrecho*, rijoso. Quevedo, en su poema *Las Necedades de Orlando*, escribe *berriondo*.

Visgüis. – Especie de *carrizo* delgado, de cañutos muy largos, que abunda en las quebradas de las montañas, y se emplea en *encañar* los *barriletes* (cometas) y en otras armazones. Esta gramínea se llama en el departamento de Santa Bárbara *jimilile*.

Visitadora. – Vale jeringa.

Vivandero. – Persona que vende víveres en los mercados. Entre nosotros sirven de mercado los corredores de las casas consistoriales.

Vivar. – Algunos literatos nacionales y de las otras Repúblicas hispanoamericanas usan este verbo con la significación de dar vivas:

"Pronunció un sentido discurso el abate Desombres, y el coronel Thibeant agradeció en términos cumplidos a nombre de su Legión, el valioso presente de la digna esposa del ilustre general Rivera, jurando sostener con honor la enseña que acababan de recibir para marchar al combate, *vivando* a la República, al Gobierno y a la Francia".

(Magariños Cervantes. – Palmas y Ombúes).

Vivo alante. – *Adelante es síncopa de adelante:*

"*Alante* diremos un cuento, que sobre su muerte me pasó con el Inca viejo, tío de mi madre, a propósito de las crueldades de Atahualpa que vamos contando".

(Garcilaso. – Comentarios Reales).

¡Vivo alante! Lo usan de vez en cuando personas del otro tiempo por *ya caigo en la cuenta, ya recuerdo*.

Volantín. – Caída dando una vuelta ligera en el aire.

Volarse. – Distraerse, estar uno fuera de sí.

Volcán. – Vale montón. *VOLCÁN de naranjas*.

Volido. – Vuelo: la acción de volar. En Chile y en el Uruguay se dice también *volido*:

"El trémulo *volido*
De la perdiz lejana,

Y, en el quebracho, el golpe vigoroso
Del *carpintero*, leñador con alas".

(Zorrilla de San Martín. – Tabaré).

Vos. – Por tú lo usamos en el trato familiar; y lo más insoportable, dice Bello, es que lo construimos con la segunda persona de singular de los verbos.

Este solecismo que señala Bello, no lo comete la gente inculta, quien continúa hablando como oyó a sus mayores. Un campesino grita a un muchacho: "*ANDÁ pronto a hacerme el mandado*". *Andá* no es sino la segunda persona del plural del imperativo, a la que se ha suprimido la *d* final, como era costumbre hacerlo, según observan Díez y el mismo Bello. Así como se suprimía la *i* penúltima de la terminación de la segunda persona de plural del pretérito perfecto de indicativo, es presumible, cree Granada, que se omitiese también, en lo hablado, la *i* penúltima de la terminación de igual persona del presente de indicativo y subjuntivo, y nosotros agregamos, y del futuro imperfecto del primero de estos modos. Véase cómo usamos las expresadas personas con el pronombre *vos*. Ser: presente de indicativo, *vos sos*; pretérito perfecto, *vos fuiste*; futuro imperfecto, *vos serés*; imperativo, *sé*; subjuntivo *vos seas*. – *Estimar*: presente de indicativo, *vos estimás*; pretérito perfecto, *vos estimastes*, futuro imperfecto, *vos estimarés*; imperativo, *estima*; presente de subjuntivo, *vos estimés*. El solecismo ha nacido ahora después que aprendimos a conjugar los verbos, y que el pronombre *vos* no ha querido ceder su puesto al *tú*.

Es curioso que el superior, que trata de *vos* al inferior, le diga usted cuando lo reprende.

El plural de *vos* es ustedes.

Vosear. – Hablar de vos a uno. Este verbo es español y como tal está en la Gramática de Díez.
Vozticar. – Pronunciar: emitir y articular sonidos para hablar. Llama la atención que este verbo solo se usa en oraciones negativas,

cuando pudiendo hablar una persona no lo hace por convencimiento, miedo u otra causa análoga que se lo impide. *Por más que Pedro llenó de improperios a Juan, este no VOZTICÓ palabra.*

Vuelta de carnero. – Trepa, en la acepción familiar que le da el Diccionario de la Academia.

Vuelto. – La demasía que se debe volver al que compra o trueca una cosa respecto al precio concertado, se llama en el Diccionario *vuelta*.

Y

Yagual. – *Yaualli*, azteca. – Rosca hecha por lo común de trapos o de la corteza del plátano, que se ponen las mujeres sobre la cabeza y en la cual sientan los *apastes* o cualquiera otra cosa de peso que acarrean. – Cualquier trapo sucio de los que sirven en los menesteres de la cocina.

Yaguasa. – Cierto pato pequeño. En el sentir del señor Ernst, esta palabra es de origen guaraní, y tiene la misma raíz de *jaguar*. (Véase *El Zulia Ilustrado*).

Yegua. – Las puntas o colillas de los *puros* (cigarros), son por acá *yeguas*, y también *magayas*.

Yerba del fraile o sauquillo. – (Euphorbiae species). Planta muy parecida a la lechuga, pero con las hojas más grandes y más angostas. Dicen generalmente que el que quiere purgarse ha de arrancar tantas hojas cuantas evacuaciones desea hacer; y lo mismo para vomitar si las arranca hacia arriba. A esta yerba se le dice también *arriba y abajo*.

Yerba de Santo Domingo. – Planta que se extiende sobre las paredes, los árboles y las peñas; las hojas son recortadas, da una especie de *mozote* de flor roja. La masa de las hojas cura las úlceras rebeldes.

Yoquir. – Este verbo, conceptuado por Bello en la Nota XII de su Gramática como imaginario, no lo es para la Academia, quien en su Diccionario dice que es verbo anticuado. La crítica de aquel filólogo se extiende también a *yoguer*, que en Aldrete aparece bajo la forma de *ioguer* y en la Academia bajo la de *joguer*. De esta última nos parece que es corrupción de un verbo vulgar, que la decencia no nos permite escribir aquí, aunque está en el *Diccionario* de Ortúzar.

Yuca. – Ya significa el golpe que un muchacho, arrojando con los dedos un *mable*, da en los dedos de otro muchacho que le presenta la mano a puño cerrado; ya cualquier noticia desagradable para la persona que la recibe.

Yuquila. – (Amaranta indica). Planta tintórea, parecida al *camotillo*.

Z

Zacate. – *Zacatl*, azteca. – Pasto, heno. Se cultivan el *pará* y el *guinea*. El zacate de aquel nombre, originario del Congo, lo llaman en Venezuela *Yerba Páez*, porque fue el general don José Antonio Páez quien lo introdujo en aquella República.

Zacate de limón. – (Lippio citroidora). Arbusto de cuyas hojas se hace una infusión medicinal.

Zacatera. – Zacatal: campo cubierto de zacate.

Zacatuste. – *Zacatextli*, azteca. – Gramínea: especie de paja o junco, que sirve a los talabarteros para los lomillos de las sillas de montar.

Zafacoca. – Vale precisión.

Zafado, da. – Franco, atrevido.

Zamarro, a. – Bribón, pícaro.

Zampar. – Algunas personas usan este verbo con la acepción de castigar.

Zanate. – (Quiscalus macrurus). *Tzanatl*, azteca. – Pájaro conirrostro, de plumas negras. Causa muchos perjuicios en las milpas acabadas de sembrar, pues desentierra las semillas y se las come. El macho del *zanate* se llama *clarinero*.

Zanatear. – Cuidar los plantíos de maíz del perjuicio que acusan los *zanates*.

Zángano. – Lo mismo que pícaro.

Zapalote. – Sapalote.

Zapaneco, ca. – Sapaneco.

Zapatos de hule. – Chanclos.

Zapatones. – Antes que no había *zapatos de hule* y era común que las mujeres usaran calzado de género, bajo y cosido, llamaban *zapatones* a los zapatos de cuero que, aunque también bajos, eran estaquillados, y por consiguiente de doble suela, con los cuales se preservaban de la humedad.

Zapotillo calenturiento. – Árbol elevado, de tronco recto, que produce unas frutas más pequeñas que el zapote, las cuales tienen la corteza lisa y amarilla y la pulpa de este mismo color. La madera del árbol es buena para construcciones.

Zapayolo. – La almendra del zapote o del *zapotillo calenturiento*. Es palabra de origen azteca. Juarros dice *sapuyol*.

Zaragate. – Un cualquiera, una persona insignificante o de ninguna representación social.

Zaramullo, a. – Equivale a remilgado.

Zarape. – Frazada de lana del país.

Zaratán. – Nombre con que se conoce la triquina en los departamentos occidentales del Estado.

Zarate. – Sarna, *jiote*. Leemos en Oviedo, que en Castilla del Oro decían *carate* al leproso, gafo, cubierto de herpes o costras asquerosas.

Zarpear. – Salpicar un vestido o cualquiera otra cosa con lodo, barro, etc.

Zona. – Porción de terreno, de cualquier forma, que concede el Gobierno para catear o explotar minas, establecer trabajos agrícolas, etc.

Zonchiche. – Tincute.

Zonto, ta. – Sonto.

Zonzapote. – (Manguífera doméstica) *Tetsonzapotl*, azteca. – Árbol que produce una fruta pastora, dulce, aromática, que lleva el mismo nombre.

Zonzoneco, ca. – Zonzoriano.

Zonzoriano, na. – Muy zonzo. Probablemente nuestro vocablo es una adulteración de zonzorrión.

Zopilocuao. – Árbol corpulento, de corteza caustica y amarga. Los baños en agua que contenga los principios de la corteza del *zopilocuao*, curan muchas enfermedades cutáneas de carácter *fosforáceo* o *parasitario*. Este árbol parece ser el *tzopilotl tzontecomatl* de los mejicanos.

Zorrillo. – Hay dos clases: unos inermes, que los mejicanos conocían con el nombre de *epatl*, y que el arma que tienen cuando son perseguidos es la insufrible fetidez que arrojan contra el cazador; y otros espinosos, conocidos también con el nombre de erizos.

Zuavos. – Cierto baile que se usaba antiguamente.

Zulaquear. – De zulaque, betún, hemos formado nuestro verbo zulaquear o zulacrear, que significa zulacrar.

Zumbido. – El sonido desapacible y confuso, efecto de algún aire que se introduce en los oídos. Hay en la creencia en el pueblo que la persona que siente estos *zumbidos* es porque alguien está hablando de ella.

Zumo, ácido. – Hablando de frutas como el limón, en Honduras hacemos diferencia ácido y *zumo*. Este último solo es el líquido de la corteza; y el primero, el contenido en los cachos.

Para la Academia, uno y otro son zumos.

Zuncuya. – (Anona squamosa). Es una fruta de sabor agridulce, muy parecida a la guanábana o *anona muricata*.

Zunteco. – Nombre de una avispa negra. El panal que ella construye es de forma esférica.

HONDUREÑISMOS

Por Jeremías Cisneros

Con este título ha publicado el doctor Don Alberto Membreño la interesante obra que el país conoce, y que ha sido notablemente mejorada en la 2ª edición. Ella contiene gran número de voces y frases de corriente uso entre la clase ínfima de la sociedad, y también entre la media, voces y frases que sin duda se han alterado con el tiempo, y que nos legaron nuestros progenitores, quienes debieron trasmitírnoslas como las oyeron o creyeron oírlas en la tierra natal. Si no ha habido alteración en las susodichas voces y frases, son con más razón *españolismos* rezagados, aunque actualmente no se hablen en el suelo de su origen.

Es verdad que nuestro vulgo ha inventado algunas palabras que no forman parte de la lengua, como *torpecidad, brutismo, escasidumbre*, y otras que seguramente no fueron conocidas de los conquistadores, y esto puede considerarse como una corrupción gramatical, y, a la vez, como una excepción. La gran mayoría de nuestras voces irregulares nos ha sido transmitida por nuestros abuelos, y subsiste a pesar de los progresos de la civilización. Aunque pudieran llamarse *americanismos* tales voces, el señor Membreño ha ejecutado una obra meritoria y laudable al recogerlas pacientemente y presentarlas no solo con su significación léxica, sino, además, ilustrando esa significación ya con citas del empleo que de ellas han hecho escritores competentes y de bien sentada reputación, ya explicando la relación de las mismas con las ciencias naturales.

El señor Membreño, con un desprendimiento poco común, ha dicho, tanto en la 1ª como en la 2ª edición de *Hondureñismos*, que yo he colaborado eficazmente en su importante trabajo. Excesiva modestia. Mi cooperación ha sido tan insignificante que, en verdad, no vale la pena de ser mencionada. Lo digo con ingenuidad e insistencia para que el mérito que corresponde al señor Membreño no se disminuya, porque no hay razón para ello, en lo más pequeño; pertenécele exclusivamente.

Empero, una vez publicada la obra, he llegado a notar: 1°, que palabras o frases de *Hondureñismos* tienen aquí otra estructura ortográfica; 2°, que muchas de esas palabras tienen aquí una acepción, si no contraria, al menos diversa; 3°, que la mayoría de las palabras contenidas en *Hondureñismos*, además del significado que ahí se les da, tienen aquí otro adicional; y 4°, que por acá hay voces que no figuran en *Hondureñismos*.

La materia se presta a un trabajo amplio que yo no estoy en condiciones de hacer, por falta de tiempo y de salud; pero así, a la ligera, en algunos momentos de oportunidad, me he propuesto y llevado a cabo imperfectamente la tarea de decir algo sobre el particular, convencido de que tal labor se queda muy atrás de la considerable y sesuda del señor Membreño, aunque tal vez, si él resuelve hacer más tarde una nueva edición, pueda tomar en cuenta lo que aquí exponga.

He aquí el escaso resultado de esa tarea:

a

Aguanoso. – Se dice de la persona cuyos movimientos físicos son torpes y revelan, al par que flojedad muscular, aturdimiento mental. Se le llama también *movido*.

Aguate. – Así lo trae "Hondureñismos". Aquí es ajuate.

Agüetado. – Abohetado.

Alafia. – Verbosidad, locuacidad. Labia.

Albirusqueado. – Pretensioso, que no se deja sentar mosca.

Alcaraquiento. – Lo trae "Hondureñismos". Aquí es *aljaraquiento*.

Amarrar. – Poner en cuido los gallos para la pelea. Comprometer la gratitud de los demás.

A mecate corto. – Restringido en el lleno de sus necesidades por depender este lleno de la voluntad de otro.

Amelcochado. – Se dice del dulce o panela que, ya sea por el estado de sazón de la caña de azúcar o por el grado de cocción que se le da al jugo, resulta viscoso en vez de cristalizado. El sabor lo tiene más grato.

Amonós. – En lugar de *vámonos*.

Andate. – El vulgo hace graves todas las segundas personas del imperativo que llevan pospuesto el pronombre personal.

Angelar. – Respirar penosamente.

Añola. – La llaga que se forma en el espinazo de las acémilas por el mal modo de ensillarlas.

Apearse. – El que tras una crápula coge otra, *no se la apea*.

Apiste. – Lo mismo que pisirico. Avaro.

Arreviatarse corto. – Cejar ante la fuerza mayor; contenerse ante el poder de otro.

Arrizar. – Obligar a las acémilas a hacer jornadas excesivas.

Arrurrú. – Además del arrullo a los niños, esta palabra se usa como burlesca para enrostrar a alguno que comete una tontería al pretender ocultar su aptitud para la ejecución de algo. La expresión es entonces, mostrándole el meñique: "Arrurú, niño, muerda el dedo".

A tiro. – Se dice de las cosas u objetos que se hallan en situación propicia para alcanzarlas. Para significar la ejecución de un acto completamente, está la frase *de al tiro*.

A tira que no alcanza. – Aquí se dice *a tira y no alcanza*.

Atravesada. – Se dice que tiene el alma atravesada la persona que comete horrores sin escrúpulo.

Atucuñar. – Aquí se dice *atrincuñar*.

Azucarada. – Aquí es sustantivo: el agua con azúcar.

b

Baldioso. – El que carece de ocupación honesta.

Bejuquillo. – Culebra delgada y larga, color pardo oscuro.

Blandujón. – Algo blando, tratándose de cuerpos sólidos.

Boleco. – Algo ebrio.

Bollo. – La pita del barrilete cuando está envuelta en la varilla.

Bombear. – Hacer en las minas taladros con barras para después colocar en el fondo la pólvora o la dinamita y hacer saltar la roca. Las primeras barras que se usaron con este fin, tenían en el medio una esfera gruesa, ya para señalar el límite de su introducción, ya para darle mayor fuerza al golpe perforador. Se llamaban *barras de bomba*, y luego se inventó el verbo *bombear*.

Bombillo. – El candelero cuya vela queda resguardada por una esfera de vidrio.

Botado. – Abandonado. Botársele a una persona es resolverse a media con ella las fuerzas físicas o morales; tratándose de la mujer, es pretenderla.

Búlique. – Se llama así al gallo cuyo plumaje semeja el agrupamiento alternativo y simétrico de pequeñas manchas cenicientas y de otro color en toda la periferia de su cuerpo.

Bulto. – La aparición terrorífica que algunos creen ver por las noches, y a los cuales reputan por difuntos.

Burra. – El asiento de palo piche en los tugurios de la gente pobre, que tiene mal figurada una cabeza en uno de sus extremos, y una ligera concavidad en la superficie.

Burrusco. – Aquí es *burusco*, y buruscal el conjunto de ellos.

C

Cabrestear. – Enseñar a las bestias indómitas a tolerar el lazo con que se las sujeta al comenzar la educación.

Cacaraquear. – Verbo con que se designa el grito chillón de los gallos que son vencidos en el combate, o que lo rehúyen al presentárseles. Por eso se establece previamente la condición, en el juego, que se admite la prueba hasta los *últimos cacaracos*. El grito de las gallinas que anuncia que desean poner huevos.

Canilla. – Quemar la canilla a otro es hacer traición en las relaciones amorosas.

Coscarear. – Conseguir algo de otro por medio de la astucia, o parte de lo que se busca.

Cobija. – Cobarde, miedento.

Comal. – La lámina de arcilla cocida, ligeramente cóncava, que se pone al fuego para cocer las tortillas de maíz.

Comalear. – Poner en el comal los objetos que en él deben calentarse o cocerse.

Complis. – Competente, capaz, apto.

Compromisar. – Activo y reflexivo. Verbo que vale comprometer.

Confisgado. – Condenado.

Crencha. – El gajo de plumas que, sobre el cuello y a la raíz de la cresta, levanta el gallo que rehúye el combate, en señal de terror.

Cuajilote. – Tanto como nahual, pues se dice que Fulano tiene su cuajilote, cuando se ha salvado inesperadamente de un peligro o un lance adverso.

Cuije. – Se dice del niño o persona adicta a uno, pero particularmente del amante en sentido ilícito.

Curuma. – Además de la bola de sal negruzca, se designan con este nombre los manjares cargados con esta sustancia.

Curunco. – El sompopo, y, como adjetivo, el color rojo carmelita de las bestias. Se llama también *alazán oscuro*.

Cuyúscate. – Algo cruzco, pardo oscuro.

ch

Chachalaca. – La persona que habla sin cesar, aunque insustancialmente.

Chafarota. – Muchacha descuidada e indolente.

Chamarrear. – Estrujar a las personas, ya sea en actitud hostil o en son de agasajo. Se usa metafóricamente.

Chente. – Contractivo cariñoso de Vicente.

Chian. – Fruto semejante al del ajonjolí que, echado en agua y con azúcar, suelta una sustancia viscosa muy agradable.

Chicharra. – Las tiras de piel de puerco, secas al sol y asadas al fuego después, como plato de mesa.

Chiche o chichón. – Fácil de obtener.

Chilca. – Planta con cuyas ramas, que exhalan un gas penetrante, se barre el suelo de los edificios para matar las pulgas. Es dañino para los ojos.

Chilizate. – Energúmeno, lleno de ira.

Chinamo o chinamite. – Los pequeños y transitorios edificios, cubiertos con la hoja seca de banano, que se levantan en la plaza de los pueblos, para el expendio de licores y dulces.

Chinapopo. – Especie de judía, de granos no solo muy grandes, sino manchados de blanco y carmelita, casi todos.

Chinga. – Molestia burlesca. Hay el verbo *chinguear*. Se usa especialmente en la prueba de los gallos para saber si están dispuestos al combate, enfrentándolos cerca.

Chiporra. – Tumor purulento en la cabeza.

Chirota. – Para ambos sexos: persona traviesa y divagada.

Chirpín. – El color del ganado vacuno, en que alternan pintas blancas y amarillas, pequeñas. Cuando las manchas son grandes, se llaman *overo*.

Chorempa. – El gallo estúpido, inservible.

Chorrear. – Se dice que la justicia, cuando es patente, chorrea sangre.

Chotear. – Verbo que expresa la actitud del jugador que, sin formar parte de la mesa de juego, se aventura en algunos lances o sustituye interinamente a uno de los jugadores principales.

Chula. – Se llama así una tonada en que solo suena la guitarra, y el ejecutor hace gestos varios. Cuando concluye este, pregunta a los circunstantes si han oído la tonada, y, a la respuesta negativa, dice que es porque no han estado en gracia de Dios. Esta palabra *chula* se repite la última sílaba tres veces, como cadencia, y luego se pronuncian multitud de voces que no pertenecen a ninguna lengua.

Chuncucuyo. – El botón carnoso de las aves en que están insertas las plumas de la cola.

d

Desparpajarse. – Despertar bien, volver a la vigilia. Se usa como activo en el sentido de ahuyentar, dispensar. Malgastar.

Diasque. – Sinónimo de Satanás; término con que se designa al muchacho travieso.

e

Echado a perder. – Frase que significa lo contrario de lo que expresa, pues se usa para denotar que la persona a quien se refiere, anda vestida de gala, con traje excepcional, muy peripuesta o elegante.

Echar. – Poner las gallinas a incubar.

E–le–o–lo–. – Esta palabra se pronuncia como está escrita, haciendo una pausa en cada sílaba, acompañándola con un movimiento del dedo índice que parece describir una espiral, y sirve para decir al interlocutor que se engaña si piensa engañar o embaucar al que habla.

Emplumar. – Dar una noticia falsa. Infligir castigo.

Enjaguar. – Hacer moralmente a otro una turumba. Embaucar.

Enjaralarse. – Meterse en breñales inextricables.

Enmular. – Enojar a otro con dichos.

Enredar la pita. – Frustración de un propósito.

Ensartarse. – Meterse en un lugar donde no se esperaba, y donde se siente mal el que entra.

Entablarse. – Huir.

Entretenido. – Con el adverbio mal, significa hallarse en relaciones ilícitas.

Espichar. – Se dice del gallo que alarga el cuello en señal de miedo.

Estacarse. – Lo mismo que emplastarse.

Estancar. – Se estanca la bestia que, a consecuencia de un trabajo excesivo, pierde la fuerza y aptitud para el servicio ordinario. Atrofia funcional.

Estar. – A este verbo sustantivo se le da la acepción de salir bien una cosa. Cuando se ejecuta algo, y sale como se deseaba, se dice: ya estuvo.

f

Flecha. – La muchacha muy inquieta.

Flechero. – Insistente hasta la audacia, activo en un propósito.

Frijolillo. – Planta anesa o pequeña arbusto que da unas vainas semejantes a las del frijol. Los granos se usan en la forma y con el mismo objeto que el café por la gente muy pobre.

g

Gamonal. – Lo mismo que echado a perder. Ostentoso.

Garnacha. – Con la preposición *a* y el artículo *la* antepuestos, significa la violencia empleada para quitar un objeto a otro.

Guamil. – El terreno de monte alto que, cultivado con maíz el año anterior, está apto para un nuevo plantío del mismo grano, pero con menor provecho que la vez primera.

Guanco. – El afiliado a una agrupación que celebra anualmente fiesta al patrono del lugar. La calidad de *guanco* imputa, ante todo, la obligación de contribuir a los gastos que se hacen en recibir a otra agrupación análoga y con cuya relación se establece el *guancasco*.

Guarapillo. – La preciosa composición de zarzaparrilla, madre de cacao y panela, fermentada, que cura la sífilis en cualquier estado. Cuando excepcionalmente resulta infiel, se emplea el *lamedor*, compuesto de la misma zarza y azúcar y anís, altamente concentrados. En esto el empirismo ha superado a la ciencia.

Güira. – Trompo pequeño y mal hecho. Muchacho desarreglado y cobarde.

Güiriz. – La persona experta en el laboreo de minas, y en el cateo de las mismas.

Gloriado. – La bebida sudorífica de alguna hierba aromática con azúcar y aguardiente.

Gringo. – Todo el que no habla el español.

h

Hijillo. – Aquí se llama *ijío* a los gases que se supone deben exhalar los cadáveres, y que son nocivos no solo para los enfermos, sino aun para los alentados, en determinadas condiciones.

Hilito. – Aquí se dice que se tiene el estómago en un hilo, o aislado, para denotar vaciedad del mismo.

j

Jaboncillo. – Árbol grande que da por fruto unas cápsulas cuya resina interior presta un servicio análogo al del jabón para el lavado. En el interior de esas cápsulas hay unas esferitas leñosas de color negro, que no tienen más aplicación que para el juego de los muchachos, que procuran adquirirlas en la mayor cantidad. El juego consiste en tirarlas a un hoyo que se abre al pie de una pared, y uno apuesta a que, al caer dentro, hay en el hoyo un número par o impar. El que acierta, hace suyas las esferitas.

l

Lambeplatos. – El pordiosero.

Lanilla. – Algodón color de oro, que se cría al pie de una planta de montaña, y que es peligroso, según se dice, para los ojos; sirve aquí para el relleno de almohadas. El pequeño vástago de la planta tiene una parte de sustancia sólida y blanda, que la gente pobre mezcla con el maíz, en las épocas de escasez, y sirve para la alimentación. El algodón podría indudablemente prestarse al hilado para telas, que no serían inferiores a las de seda. Es suave, tenue y lustroso.

Lazo. – Cuando los delincuentes son conducidos por las autoridades de los pueblos a la cabecera, van aquellos agarrados por detrás con un cordel de mezcal, y se dice que los llevan *a la voluntad de un lazo*.

Lóbrigo. – Destituido, desamparado, exhausto.

Lora. – La persona que se desquita de una ofensa profiriendo injurias sin cesar.

Lluvia. – Se llama así a la sangre del flujo catemenial convertido en enfermedad mortal.

m

Macacinas. – Género de calzado hecho de cuero mal curtido, y que lleva sobre la capellada (sin saberse para qué) un parche de forma elíptica, groseramente pespuntado. Son abiertos por delante sobre el empeine y tienen correhuelas para apretar o aflojar.

Manchón. – El plantío de jiquilite, de donde sale el índigo.

Marimba. – Los gallos torpes y bestias de igual condición.

Marquezote. – El pan que se prepara batiendo primero la albúmina, después esta mezclada a la yema del huevo, y por último mezclándole harina de arroz. La masa semifluida se echa en cazuelas al horno y, al estar cocida, se corta en rombos o cuadritos.

Matadero. – Se dice de la casa o empresa que, por falta de competencia, obliga al público a sacrificarse en la compra de lo que expenden.

Matado. – La acémila cuya mala ensillada le hizo llagas en el lomo o espinazo.

Matar. – Revolcar a otro en un contrato.

Matapalo. – Árbol parecido al amate, cuyo jugo lechoso sirve para emplastos medicinales.

Mecatear. – Lazar las bestias, y por exageración se dice del acto de buscar a los que se ocultan en el monte.

Migueleño. – Aquí es *miguelero* el que requiebra a las mujeres. Hay el verbo miguelear.

Milpear. – Hacer milpas, plantíos de maíz, sin arar el suelo, y previa quema de la maleza.

Milpero. – El frijol que se siembra entre el maíz de las milpas, y cuya vaina sirve de verdura o de legumbre, como las de las otras clases, o mejor que ellas.

Minguí. – La bebida fermentada de piña o piñuela, y panela, cuando no llega al grado de la chicha y, por tanto, no la comprende la ley prohibitiva.

Motate. – El fruto de cierta piñuela, que sirve de legumbre. Si figura es casi cónica, y la forman capas concéntricas sobre un corto vástago carnoso.

Mujerengo. – Aquí se llama amujerado al hombre propuesto a ocuparse de los oficios propios de la mujer.

Multeca. – Este término solo se usa para denotar que las jugadas delos tahúres tienen mal resultado, por incompletas o nugatorias.

Mulunzapo. – Aquí es cusunzapo.

Musuco. – Aquí se llama *muzuso* el de cabello ensortijado.

n

Navegar. – Se dice de las mujeres que abandonan su hogar o domicilio, y salen a rodar tierras.

o

Orejón. – Tonto.

Orillo. – El ceñidor de tela que usan los hombres en la cintura.

p

Penquear. – Infligir azotes.

Persogo. – El lazo largo y grueso, de mezcal. El acto de amarrar las bestias en las paredes, se llama *apersogar*.

Petatillo. – Se llama *de petatillo* el sombrero de palma de Ilama, por ser la palma de especie más fina que las otras que se conocen.

Picholear. – Molestar la gente destituida a los demás con solicitudes a que las fuerzan sus necesidades reales o ficticias.

Pie de niña. – El díctamo real.

Pistona. – La tortilla de maíz grande, gruesa y mal molida, que se usa en las ínfimas regiones del pueblo.

Pizque. – Chele. Rubio de mal gusto.

Planear. – Caer al suelo. Ser despojado de los intereses en un asalto en el campo.

Polaina. – Lo mismo que mecha, molestia o incomodidad.

Pontear. – Colocar la vaca que se ordeña en buena actitud para verificar la operación.

Porrón. – Además de darse este nombre a los caballos, se designa con él una vasija hecha con primor para echar el agua de beber, cuya cabida no excede de un galón.

Pucho. – El fardo de añil que tiene menos de 150 libras. Un comerciante se dedica al *pucheo* cuando busca en el mercado las pequeñas partidas de índigo, colocadas en sacos como salieron de la pila, es decir, sin igualar la del uno con la del otro, que es lo que constituye el *arreglo* previo para la exportación.

Puntal. – Se dice del individuo que, ciego de ira, se encamina a su objeto, sin atender ninguna observación, como el toro bravío.

r

Reata. – Dar reata, es azotar.

Rebumbio. – Motín, alboroto, confusión causada por una muchedumbre.

Remichera. – La moneda divisionaria de Guatemala que se acuñó bajo el gobierno de García Granados.

Revoluto. – Alarma grande y de mayor extensión que el rebumbio, causada por la alteración del orden público y por los procedimientos inherentes al estado de guerra.

Rifle. – Con la partícula *de* antepuesta, se designa la moneda actual de Guatemala, de 25 centavos.

Runfla. – En el juego de naipes, las cartas del mismo palo que, no siendo el del triunfo, constituyen una seguridad de pérdida para el que las recibe.

s

Sacandinga. – La oficina donde se destila aguardiente. También se llama *sacadera*.

Sapalote. – El color del ganado vacuno cuando lo forman manchas grandes alternadas, blancas y negras o pardo-oscuras.

Sobar la varita. – Destituir a un empleado de su cargo.

Surtir. – Salir bien una cosa, buen éxito en las acciones. En este sentido el verbo lleva antepuesto un pronombre personal.

t

Tablero. – El banco de madera donde se coloca la piedra, ligeramente cóncava, que sirve, con una mano adecuada, para moler el *nixtamal*. Para la salida del agua que en él se derrama al lavar los trastos de loza, tiene en uno de sus extremos un orificio al cual se adapta un tubo curvo que deja caer el agua en una olla colocada debajo. La molida del maíz cocido sobre la piedra, se efectúa con un cilindro achatado que se llama *mano de piedra*.

Talpetate. – Creta floja en que prepondera la arena, y que sirve para el fregado de los trastos de cocina.

Tangallar. – Aquí se dice atangallar a la ruina precaria o duradera que causa a las bestias el excesivo trabajo que se les impone.

Tarabilla. – Instrumento rústico para torcer la cerda de la crin o cola de las caballerías. La persona que habla mucho, sin dar lugar a la interlocución.

Tarasca. – La persona que, prevalida de la fuerza, quita a otro alguna cosa, anulando su resistencia.

Tesonero. – El peón que saca regular y cumplidamente la tarea del trabajo que se le señala.

Tilinte. – El que ha comido hasta la hartura.

Tilón. – El que muestra tile o suciedad exteriormente.

Tixte. – La bebida de harina de arroz, cacao y azúcar con achiote. El pinol solo lleva cacao y harina de maíz tostado. Aquí se toma como refresco, este, con pan, en lugar de café o chocolate.

Tolba. – Pila de madera en forma de copa, en que se saca el arroz y el café, a golpe de mazo.

Tomado. – El que ha bebido licor.

Tracalada. – Equivale a tesón. Así se dice: Fulano se comió de una tracalada todo lo que le pusieron.

Tracuar. – Maltratar las cabalgaduras cerriles, como principio de educación.

Tranquijón. – Paso malo en los caminos.

Tronar. – Matar, cuando lo hace la justicia o un poder legítimo por su institución. Especialmente se aplica a la ejecución sumaria que la policía hace de los malhechores, donde los encuentra.

u

Untada. – Deficiente. La carga de leña que se ofrece en venta, y es muy chica, se dice que *está untada* al aparejo de la acémila.

v

Vega. – Es no solo el terreno plano adyacente a los ríos y arroyos, sino el plantío de tabaco.

Vivo alante. – Aquí se dice *voto adelante*, como interjección.

Volarse. – Enfurecerse.

z

Zacate de limón o zacate té. – Es una planta en un todo semejante al zacatón o zacate de Guinea, pero algo más pequeño, y cuyas hojas tienen el olor y el sabor del zumo del limón en la corteza. Se emplea en forma de té con aguardiente contra el romadizo.

Zanatear. – Cuidar a las doncellas. La acepción recta es cuidar los plantíos de maíz.

Zuloquear. – Lo mismo que ripiar, tratándose de un hoyo o hueco pequeño.

APÉNDICE

Engrangulado. – El que pronuncia las palabras de un modo ininteligible, ya sea por defecto físico o por una emoción accidental.

Enjuzgado. – El que se inmuta o conturba ante un hecho sorpresivo.

Maquilero. – El indígena que se ocupa en hacer moler el trigo y expender la harina.

Paperas. – Inflamación de las glándulas parótidas.

Taimado. – Torpe, falto de agilidad.

Temeregías. – Horrores, blasfemias, impiedades.

Rascaao. – Que no se deja sentar mosca.

Resabido. – La bestia que tiene resabios.

Ruco. – Desmedrado.

Introducido. – Comunicativo, amigo de relacionarse.

Soltera. – La doncella en edad de casarse.

Sabromiel. – La cosa cuya adquisición se ha hecho con suma facilidad.

Sucumbir. – El vulgo conjuga este verbo como activo, equivaliendo *a dominar, vencer*.

Naranjas. – Palabra con que se expresa el resultado negativo de un esfuerzo, de una acción, de una esperanza.

Mamola. – Palabra con que se le echa en cara a alguno el engaño en que ha incurrido al creer factible cierta cosa.

Mampuesta. – El mampuesto de "Hondureñismos".

Trote. – Expresión que significa ligereza, prontitud. Ya se le use como sustantivo, ya como adverbial, al *trote*.

Trotear. – Buscar una cosa con diligencia.

Tetunte. – El tenamaste de "Hondureñismos".

Tequiar. – Molestar con la exigencia de servicios, pero solo de parte de la autoridad respecto de los vecinos de un lugar. "Los tequios son muchos". "Este pueblo es muy tequiado".

Tenanza. – La mujer que se ocupa en colectar limosnas para los santos.

Topar. – Es ir al encuentro de una o más personas que llegan a su lugar. El sustantivo *tope* tiene la misma significación.

Tercio. – Fardo de cualquier especie. Dos tercios forman la carga, y esta se compone de 200 libras generalmente.

Tutía. – Ya forme esta palabra un solo vocablo o dos, sirve para expresar el metálico o su equivalente. Una cosa no se obtiene, porque... no hay *tu tía*.

Tinaja. – Cántaro de arcilla cocida.

Tinajero. – Armario que guarda los muebles de cocina.

Teniente en puño. – Avaro, incapaz de larguezas.

Tamal. – La bola de maíz molido y cocido en agua, que se usa para los viajes, por no haber hospederías en el tránsito. Se usa para mesa cuando lleva carne y tocino de cerdo por dentro. Se llama *tamalito*, cuando es de maíz tierno. El tamal de maíz seco al que se echa por dentro, antes de cocerlo, frijol cocido, se llama *ticuso*.

Torta. – Con este nombre se designa todo guiso compuesto de una costra de masa, con carne u otra sustancia por dentro. Cuando esta costra de masa no lleva nada por dentro, a causa de su delgadez, se llama por antonomasia "tortilla", en diminutivo. Aunque ordinariamente sea mayor que las demás tortas, y nada tenga de torta. El verbo que expresa la acción de hacer y sacar tortillas, es "tortear", que no sigue la etimología del nombre. La misma torta de harina de trigo es una masa gruesa y bien aliñada. Cuando es delgada y se cuece al comal, vuelve a tomar el nombre de "tortilla de harina".

Tupidito. – Cuando se le dice a una persona que "lea tupidito", se le da a entender que no debe saltar un renglón, ni una palabra, sea o no pertinente.

Tunualmil. – Es el tunualmil de "Hondureñismos". La milpa extraordinaria que se hace solo en montañas, en el mes de enero. En ciertos lugares se le llama *matambre*, aludiendo al socorro que presta a la generalidad.

Voy a permitirme en este lugar exponer una opinión discrepante de la que el doctor Membreño emite en "Hondureñismos", acerca de dos verbos españoles que nosotros, vulgo y no vulgo, hemos alterado o desfigurado, cometiendo con uno de ellos la figura de dicción contraria a la que cometemos con el otro, es decir, la prótesis y la aféresis. Estos verbos son *entejar* y *tibiar*. Al primero le hemos antepuesto la preposición *en* con que aparece, y al segundo lo hemos despojado, al principio, de la misma preposición que le falta en el ejemplo.

Aparentemente hemos cometido un error, porque nos hemos separado de lo establecido por la más alta autoridad que existe en la esfera del idioma, como es la Academia de la lengua; pero en el fondo nos parece haber procedido no solo con lógica, sino conformándonos también con la índole del idioma.

Tenemos en este muchos verbos que parece se han formado de nombres, sustantivos o adjetivos, a los cuales hemos agregado la letra que necesitan para la terminación del infinitivo, y antepuéstoles la preposición *en* para expresar la acción que se ejecuta con la materia significada por los sustantivos o adjetivos. Nos parecen de este número, *enladrillar*, de ladrillo; *entablar*, de tabla; *enlodar*, de lodo; *enhebrar*, de hebra; *enlechar*, de leche; *encalar*, de cal, y así una multitud que registran los léxicos todos.

¿No se halla en el mismo caso que estos verbos el de *entejar*, que puede provenir del nombre *teja*, para significar la acción de cubrir con esta lámina de arcilla los edificios? Si aquí es un error la prótesis, ¿por qué no lo es en los verbos que hemos citado arriba, que pueden tener el mismo origen que *entejar*, y en los cuales la preposición *en* hace el mismo oficio que en este, es decir, expresar la actuación con la materia representada por el sustantivo que dio margen al verbo? ¿Hay alguna razón especial, gramatical o filológica, para hacer de "tejar" una excepción, y separarlo del principio de formación que ha debido presidir a la de los otros verbos de la misma estructura? ¿Por qué parece propio y gramatical decir "tejar" al acto de cubrir con teja un edificio, y no se considera así el llamar también "tablar" al acto de colocar las tablas por la parte interior del edificio? ¿Suena mal *tablar* y repugna su estructura? Pues lo mismo debe decirse de *tejar*. El mismo motivo, la misma razón, el mismo título que tiene la palabra *tabla* para formar el verbo entablar, tiene la palabra *teja* para formar el verbo entejar. A lo menos a nosotros así nos parece y creemos que si alguna vez un error popular es no solo disculpable, sino además justificado, es en la presente.

Y aún decimos más. Podía aceptarse el verbo "tejar" para significar la acción de fabricar teja, y admitir el verbo "entejar" para expresar la acción de cubrir con teja los edificios; cosa que no sucede con *tablar* que ponemos por ejemplo, pero que tiene la misma razón de ser que "tejar".

En cuanto al verbo "entibiar", si viene de la calificación tibio, bien se ve que ha seguido la misma ley de formación que *entablar* y demás en que figura antepuesta la preposición *en*; pero tiene este verbo, como tal, el grave inconveniente de contar con dos excepciones, siendo la una enteramente opuesta a la otra. *Entibiar*, en el sentido recto, significa dar cierto calor, elevar algo la temperatura de los cuerpos, y, en el sentido metafórico, significa lo contrario, es decir, disminución de calor, descenso de temperatura, como se ve al decir que la amistad o el efecto de Fulano se ha entibiado. Admitido el verbo *tibiar*, desaparece la contradicción, pues este siempre expresará la elevación de temperatura, y el otro el descenso de ella.

Si se tratara hoy de la aféresis en cuestión, como una cosa que convendría hacer, o, mejor dicho, de introducir esta nueva voz en el habla ordinaria, yo me abstendría de emitir opinión favorable a tal hecho. Si los grandes no tienen autoridad para formar nuevos vocablos, menos podremos tenerla los pequeños; pero la voz esta no es un proyecto; ella existe desde mucho tiempo ha, y es de uso corriente, aunque no figure en los léxicos ni en obras magistrales. Su adopción me parece conveniente y adecuada para evitar confusiones, y, además, está en el mismo caso de "tejar", por lo cual no debe parecerle extraña a la Academia. Entre hacer "tejar" de teja, y *tibiar* de tibio, hay una completa analogía, y esta es una razón más que puede invocarse.

Téngase presente que hemos dicho que *tibiar*, como verbo, significa la ligera elevación de temperatura, o el acto de elevarla ligeramente; y lo anotamos así, porque tanto el adjetivo *tibio* como el nombre abstracto *tibieza*, significan con relación al calor una temperatura exigua. El verbo siempre entraña la idea de elevación de la temperatura, es decir, el verbo *tibiar*; que en cuanto al *entibiar*, ya dijimos y ello es patente, que tiene también metafóricamente la acepción contraria de descenso de la temperatura.

Entre nuestros conciudadanos hay algunos muy idóneos para dar sobre el particular un voto autorizado. Nos complacería mucho oírlos, porque nuestro afán es, como el de Solón, morir aprendiendo. Como esta es una cuestión que nada tiene de personal, ni en que la vanidad o las pretensiones exorbitantes representan papel alguno –por lo cual

es y debe ser ajena la diatriba, como el sarcasmo o la invectiva–
esperamos con calma la opinión que nos ilustre y que tal vez nos haga
cambiar la nuestra.

Desde luego anticipamos otra opinión que nos prometimos hacer
objeto de un artículo por separado, y es la del pronombre *el* en los
casos dativo y acusativo. Muchas gramáticas españolas están de
acuerdo con la Academia en que pueden usarse indistintamente *le* y
lo para el acusativo, y nosotros pensamos que, sobre ser esto
innecesario, es impropio, de mal gusto y ocasionado a confusiones.

El pronombre *el* debe hacer *lo* en el acusativo, para el masculino,
y *la* para el femenino, invariablemente; y *le* para el dativo en ambos
géneros, ya que no existe en el idioma modo alguno de distinguir, en
este caso, los dos géneros.

Cuando se dice: "A Juan le llevaron preso y le dieron latigazos",
se comete sin razón una falta y se expone la cláusula a una confusión.
Siendo acusativo el primer *le*, es más castizo poner *lo* en su lugar y
establecer esta forma como invariable para todos los casos idénticos.

Para que se vea de más bulto la enormidad de esta falta, basta
poner este ejemplo: "Pedro me regaló un libro, y luego me *le* quitó".
Ese *le* es terrible, y cualquiera advierte que debe ser *lo*, porque así lo
reclaman el buen gusto y el sentido gramatical.

Este ejemplo es de aquellos en que el empleo de *le* en el acusativo
aparece más defectuoso; pues, aunque no aparezca así en los demás
ejemplos, siempre es preferible adoptar una regla uniforme en que
solo se use *lo* para el acusativo, y *le* se reserve para el dativo de ambos
géneros.

En el dativo no puede haber error con el uso de *le* para ambos
géneros, porque el contexto de la oración indica claramente el género
del pronombre; pero, en todo caso, no es posible establecer ya otra
distinción, y siempre hay gran diferencia entre usar un mismo
pronombre para ambos géneros, y en emplear dos formas de
pronombre para un solo género.

Respecto del género femenino, nos parece reprobable el empleo
de *la* para el dativo, como lo hacen escritores peninsulares y
americanos, diciendo, por ejemplo: "La llevó de la mano y *la* dio
buenos consejos". Hasta el sonido de *la* es de mal gusto en este caso
(el dativo), fuera de la innecesaria confusión que establece. "La dio
buenos consejos" es, entonces, una oración que nos resulta con dos

acusativos, cuando en realidad lo que contiene es un dativo, *le*, y un acusativo, *consejos*. La impropiedad no está en que resulten en la oración *dos* acusativos, pues nuestra rica lengua nos ofrece esta particularidad en varias oraciones, sino en que, debiendo hacer la distinción con el pronombre, dándole la debida desinencia, se prefiera el empleo de la forma del acusativo para ambos sexos. Esto es tan chocante como si para el dativo masculino se empleara *lo*, en vez de *le*.

Fundados en razones a cual más frívolas y sin consistencia, opinan algunos gramáticos españoles que en el género masculino se suprima el uso de *lo* en el acusativo, dejando esta forma solo para el género neutro, cuando ella se antepone a un adjetivo, como "lo bueno", etc. Pero ni la Academia ni los demás insignes autores de gramáticas han tomado en consideración este despropósito.

Con el nombre de "gramaticalismo" designan algunos escritores de nuestros días la acuciosidad que se pone en la observancia de las reglas de este arte, dando a entender que ello es un accesorio que apenas merece atención, no obstante que la gramática se define "el arte de escribir y hablar un idioma con propiedad", y cuando el ilustre publicista del Plata, don Juan B. Alberdi, ha dicho que "el que ignora la gramática de su idioma, renuncie en su vida a saber cosa alguna". Podrá ser que en el número de las reformas que en espíritu exagerado de progreso se empeña en llevar a cabo, figure el desprecio de las reglas gramaticales; pero la mayoría de los hablistas de nota, nunca podrán aceptar la decisión de un literato que prescinda de las reglas externas del arte de hablar y escribir bien un idioma. Un escrito gramaticalmente irreprochable, siempre será bueno, pues repugna concebir que el que pudiera formularlo fuese capaz de expresar en él necesidades, disparates o ideas indigestas. Al uso correcto de las formas gramaticales no se llega sin admitir cierto grado de ilustración que coloca al que la posee, en una recomendable condición intelectual; esto sin perjuicio de algunas excepciones, como las hay en todas las reglas. El gramaticalismo, pues, no merece el desdeño con que se le trata por algunas eminencias; y la prueba está en la frecuencia con que hombres notables se ocupan en estas cuestiones que nunca dejarán de despertar verdadero interés en la mayoría de los intelectuales.

Gracias, 1897.